Detlef Guhl

... bis die Tage

letzte Geschichten vom Wühltisch

Für alle, die nicht genug kriegen können.

Selber schuld!

Und für Doris – sie weiß, warum!

Impressum
Texte und Umschlaggestaltung:
© 2019 Copyright by Detlef Guhl
Verlag: Detlef Guhl, Kaiserdamm 99, 14057 Berlin
mdguhl@t-online.de

Druck: epubli, ein Service der neopubli GmbH, Berlin
Printed in Germany
Bibliografische Information der Deutschen Nationalbibliothek
Die Deutsche Nationalbibliothek verzeichnet diese Publikation in der
Deutschen Nationalbibliografie; detaillierte bibliografische Daten sind
im Internet über http://dnb.d-nb.de abrufbar.

*„Satire ist der aussichtslose Versuch,
die Realität zu übertreffen."*

Kurt Tucholsky

1

erzählt Nadine (Weihnachtsmarkt I)

Wenn sie das alles hätte kommen sehen, dann hätte sie das niemals getan, erzählt Nadine. Sie weint dabei, sie schluchzt und rotzt und wimmert. Aber man kann nichts verhindern, was bereits passiert ist, oder? Sie würde so gerne alles ungeschehen machen. Sie zieht die Nase hoch und wischt sich die Tränen aus dem Gesicht, was dazu führt, dass ihre kosmetischen Bemühungen des heutigen Morgens gewissermaßen ins Schwimmen geraten. Das ärgert sie maßlos, erzählt Nadine, denn sie möchte vor dem jungen Feuerwehrmann nicht aussehen wie ein rotäugiges Kaninchen mit Indianerbemalung. Dem scheint das aber egal zu sein, denn er hat genug damit zu tun, das Feuer in der Krippe zu löschen. Unter dem Jesuskind scheint sich ein Glutnest etabliert zu haben, was seine Bemühungen erheblich erschwert.

Was sie damit meine, wenn sie sagt, sie hätte das nie getan, wenn sie das hätte kommen sehen, fragt sie der ältere Polizeihauptmeister, und reicht ihr ein Papiertaschentuch. Der dicke, in die Jahre gekommene PHM interessiert Nadine nun überhaupt nicht. Da ist es ihr auch total egal, dass sie mit dem verschmierten Make-up echt scheiße aussieht. Sie schnauft in das Tuch und blinzelt den Polizisten an.

Naja, Herr Wachtmeister, sie wollte eigentlich nur mit ihrem Smartphone auf dem Selfie-Stick ein Foto von sich und Yasmine machen, erzählt Nadine und streckt

2

dem Polizeihauptmeister demonstrativ ihren rechten Arm entgegen. PHM Krabetzki – er heißt wirklich so, obwohl er drei Jahre vor seiner Pensionierung eher umgänglich und deeskalierend veranlagt ist – zuckt zurück. Das hat drei Gründe. Er schätzt es nicht sehr, ‚Wachtmeister' genannt zu werden und ausgestreckte rechte Arme sind in jeder Hinsicht suspekt. Und verboten! Außerdem will er verhindern, dass die tränenreiche junge Frau ihm die Mütze vom Kopf fegt, obwohl er die neue blaue Kopfbedeckung eigentlich nicht leiden kann. Irgendwie erinnert die Form ihn an US Police Officer-Mützen. Die grüne Variante gefiel ihm besser.

Wer Yasmine sei, will er wissen.

Yasmine sei ihre beste Freundin, die jetzt gerade von den beiden Notfallsanitätern in den Krankenwagen geschoben wird, erzählt Nadine und bricht wieder in Tränen aus. Das könne aber doch unmöglich das Selfie verursacht haben, wendet PHM Krabetzki ein. Was Yasmine denn passiert sei.

Nein nein, das war nicht das Selfie, das war der Stick, der hätte beim Schwenk nach rechts, weil Yasmine und sie nicht so richtig im Bild gewesen wären, bei einem der drei weißen Engel, die zufällig vorbeigekommen wären, den Stern von Bethlehem heruntergeschlagen, erzählt Nadine.

Welche weißen Engel, will PHM Krabetzki wissen.

Na, die aus Russland.

Aus **Russland**?

Ja, oder aus der Ukraine, von der Krim oder so. Stand in der Zeitung. Die bereichern den Weihnachtsmarkt.
Was aber dann der Stern von Bethlehem mit Yasmine gemacht habe, fragt der Polizist.
Nichts, der sei von dem Stab abgebrochen, den der Engel hochgehalten hat, als der Selfie-Stick dagegen gestoßen ist, und dann sei er heruntergefallen, genau in die heiße Pfanne mit dem Grünkohl, die hinter ihnen in der Bayern-Hütte geköchelt hätte, erzählt Nadine, schnäuzt noch einmal heftig in das Papiertaschentuch und reicht es dann dem Beamten.
Das könne sie ruhig behalten, sagt der PHM. In den heißen *Grünkohl*? Ich verstehe immer noch nicht.
Der junge Feuerwehrmann hat inzwischen den Brand in der Krippe gelöscht, wird aber beim Aufrollen des Wasserschlauches von einer Reisegruppe behindert, die gerade einen Bus mit polnischem Kennzeichen verlassen hat und nun vor den qualmenden Resten des Stalls von Bethlehem kniet. Immer wieder hört man ein andächtig gemurmeltes *Matka Boska Czestochowska* und *Czarna Madonna*, wenn die Leute auf die kohlrabenschwarze Marienfigur zeigen. Eine gewisse Ähnlichkeit mit der Schwarzen Madonna von Tschenstochau lässt sich tatsächlich nicht leugnen.
Ja, in den heißen Grünkohl, und der Grünkohl sei nach allen Seiten gespritzt, auch dem Koch ins Gesicht, der daraufhin vor Schreck den gefüllten Kochlöffel nach hinten geschleudert habe, geradewegs an den Hinter-

kopf der Fleischerei-Fachkraft am Bratwurst-Grill, erzählt Nadine und schaut dabei fasziniert zu, wie der junge Feuerwehrmann an seinem C-Rohr fummelt, um es vom Wasserschlauch zu trennen.
Am *Bratwurst-Grill*? Männlich oder weiblich? Der Polizeihauptmeister ist zunehmend irritiert und vergisst aus diesem Grund, dass es seit kurzer Zeit ja auch noch ‚Divers' gibt, was allerdings noch nicht in den Dienstvorschriften Einzug gehalten hat. Außerdem wird ihm bei Grünkohl und Bratwurst etwas mulmig. Er hat gestern Abend zu fett gegessen und daher schlecht geschlafen und überhaupt – er mag keinen Grünkohl, schon gar nicht mit Bratwurst.
Wer, will Nadine wissen.
Wie ‚wer', fragt PHM Krabetzki.
Wer männlich oder weiblich sei, fragt Nadine.
Die Fleischerei-Fachkraft am Grill!
Ach so – männlich, sagt Nadine und schaut dabei ganz intensiv mit tränenverschleierten Augen den jungen Feuerwehrmann an. Der kämpft aber immer noch mit seinem C-Rohr und bemerkt ihren Blick nicht.
Und weiter, will PHM Krabetzki wissen. Warum denn aber ihre Freundin Yasmine vom Notarzt behandelt worden sei.
Wegen dem Schlag mit der Trompete, erzählt Nadine.
Wegen *des Schlags*! Welche Trompete??? Krabetzkis Beruf befasst sich in der Regel nicht mit Orthographie im Allgemeinen und dem Kasus im Besonderen, aber er

liebt die vier Fälle, und ganz verschossen ist er in den Genitiv. Deshalb erlaubt er sich die kleine Korrektur.
Sag ich doch, sagt Nadine.
Aber was denn für eine Trompete? hakt der PHM nach.
Na, dieses große Blechinstrument von der Kapelle, die da stand und Weihnachtslieder geblasen hat.
Sie meine wohl die Tuba!? Was die denn mit Yasmine zu tun gehabt hätte?
Die sei ihr auf den Kopf geschlagen, der Yasmine, als der Bläser vor Schreck das Teil hat fallen lassen, erzählt Nadine und beobachtet aus den verweinten Augenwinkeln verstohlen den jungen Feuerwehrmann mit seinem C-Rohr.
Polizeihauptmeister Krabetzki macht sich ein paar Notizen und kratzt sich dann ratlos am Ohr.
Was denn den Tuba-Bläser so erschreckt habe, will er wissen.
Der Kesselgulasch in seinem Gesicht.
PHM Krabetzki bläst die Backen auf, als wolle er gleich selber in die Tuba pusten.
Der **Kesselgulasch**??? Welcher Kesselgulasch denn?? Wo kommt jetzt der Gulasch her? Oder *das* Gulasch???
Ja, dem Griller sei der heiße Grünkohl in den Nacken gelaufen. Er habe gebrüllt und versucht, sich mit beiden Armen gegen den heißen Brei auf seinem Rücken zu wehren, erzählt Nadine. Das habe aber nicht so richtig funktioniert, weil er mit den Händen einfach nicht dran kam. Er habe sich gebärdet wie ein Wahnsinniger und

sei bei seinem Gehopse gegen den Kessel mit dem heißen Glühwein gestoßen, der auf der Theke gestanden habe. Der sei dann runtergefallen und hätte seinen kochend heißen Inhalt mitten unter eine Gruppe Frauen und Männer vergossen, alle mit Schalen mit Kesselgulasch in den Händen und schon ziemlich beschwipst.
Der *Glühwein* ist ausgeflossen? PHM Krabetzki wird flau im Magen. Wenn er eins nicht ausstehen kann, ist das Grünkohl mit Bratwurst *und* Glühwein. Er glaubt, er muss gleich kotzen und beneidet seine Kollegen mit den Strickmützen, den schusssicheren Westen und den Maschinenpistolen, die sich inzwischen wieder unter das Volk gemischt haben, um ein Gefühl von Sicherheit zu vermitteln. Die müssen sich solch einen Mist nicht anhören. Irgendetwas scheint mit seinem Magen nicht in Ordnung zu sein. Er sollte mal – ach, egal.
Ja aber, wie kam denn der Gulasch ins Gesicht des Tuba-Bläsers? Oder das Gulasch!
Na gut, eine Frau in der beschwipsten Gruppe habe einen Schwall des heißen Glühweins an ihre Füße abbekommen. Sie habe kreischend einen Veitstanz aufgeführt und dabei ihre Schale mit heißem Kesselgulasch von sich geschmissen, voll in die Tröte und in das Gesicht des Bläsers. Der habe dann vor Schreck sein Gerät fallen gelassen – genau auf den Kopf von Yasmine. Die sei dann –
Moooment! Polizeihauptmeister Krabetzki hebt seine Hände und stoppt Nadines Redeschwall.

Wieso könne eine Tuba auf eine erwachsene junge Frau von, sagen wir, zirka einem Meter sechzig Größe denn *fallen*, will er wissen.
Yasmine habe ja nicht da gestanden. Sie habe sich gebückt, um am Boden das Smartphone zu suchen, erzählt Nadine, weil das ja beim Zusammenstoß mit dem Stern von Bethlehem auf die Erde gefallen sei. Da habe sie die Tuba am Kopf getroffen und sie sei vollends zu Boden gegangen.
Aber wieso denn nun eigentlich der Bethlehem-Stall in Brand geraten sei, hakt PHM Krabetzki nach.
Wegen dem Terrier.
Wegen *des Terriers*, *Ge-ni-tiv*!! korrigiert Krabetzki, welcher *Terrier* denn?
Der Terrier, auf den Yasmine gestürzt sei, als sie von der Tuba getroffen wurde und der sich gerade eine der Bratwürste geschnappt hätte, erzählt Nadine.
Wieso denn das? Wie kommt denn der Terrier an die Bratwurst? Und was hat das alles mit dem Feuer zu tun? Krabetzki verliert allmählich die Geduld und wird krabetzig.
Na, der Griller habe bei seinen Verrenkungen nicht nur den Glühwein umgestoßen, sondern auch das Rost mit den Bratwürsten. Eine davon sei unter der Theke hindurch geschossen, erzählt Nadine. Der Terrier habe sich die Wurst geschnappt und dann sei Yasmine auf ihn gestürzt und der Köter habe vor Schreck die Wurst fallen lassen und den Engel mit der Laterne gebissen. Sie habe

dann ganz schnell ihr Smartphone aufgehoben und versucht, Yasmine auf die Beine zu helfen, aber die sei leider ohnmächtig gewesen. Der zweite Engel mit der Laterne habe geschrien und sei auf der Flucht vor dem Terrier in den Stall gelaufen, erzählt Nadine, das blöde Vieh kläffend hinterher. Der dritte Engel mit der Glocke habe versucht, den Hund mit viel Gebimmel vom zweiten Engel abzulenken, während der erste Engel damit beschäftigt gewesen sei, den Stern von Bethlehem aus der Grünkohlpfanne zu retten, was dem weißen Engelskostüm aber nicht so gut bekommen sei, erzählt Nadine.
Ja, aber der *Stall*!? Der *Brand*!?
PHM Krabetzki steuert auf eine respektable mittelschwere Krise zu. Er fühlt das Abendessen langsam hochsteigen – Berliner Eisbein mit Erbspüree – und sehnt sich nach einem Schluck Magenbitter, aber Dienst ist Dienst und Schnaps ist Schnaps.
Der Brand? Daran sei der Ochse Schuld gewesen, erzählt Nadine.
Wieso denn der *Ochse*?? Wieso ist der Terrier plötzlich ein *Ochse*???
Der Ochse liegt doch vor der Krippe, neben dem Esel, vor Maria und Josef, und über den Ochsen ist der zweite Engel mit der Laterne auf der Flucht vor dem Terrier gestolpert und hat sich in voller Länge über Jesus geschmissen, erzählt Nadine. Und dann ist die Kerze aus der Laterne gefallen und hat das Stroh im Stall in Brand gesetzt. Ja, und dann stand die ganze heilige Familie in

Flammen – und dann kam die Feuerwehr und der Krankenwagen . . . und die Polizei, Herr Wachtmeister.
Als sie die Feuerwehr erwähnt, dreht sich Nadine zu dem schmucken jungen Mann um, der sich immer noch mit dem C-Rohr abmüht und nun endlich zwei Kollegen zu Hilfe ruft. Himmel, sieht der gut aus in seinem sandfarbenen Schutzanzug und mit dem Helm und dem ledernen Nackenschutz. Ihr wird ganz kribbelig bei seinem Anblick.
Hrrrm! räuspert sich PHM Krabetzki.
Das heißt: dann kam*en* die Feuerwehr, der Krankenwagen und so weiter – und nennen Sie mich nicht immer ‚Wachtmeister'.
Die drei Feuerwehrmänner kämpfen nun gemeinsam mit dem vermaledeiten C-Rohr und verheddern sich immer mehr in dem Schlauch. Nadine dreht sich wieder um und klatscht vor Begeisterung in die Hände.
Die sähen ja aus wie die Laokoon-Gruppe, nur leider nicht nackig, ruft Nadine, sehen Sie nur, Herr Wa –
Wie *wer*? fragt PHM Krabetzki.
Na, wie der trojanische Priester des Apoll, der vor dem hölzernen Pferd der Griechen warnt und mit seinen beiden Söhnen dafür von den Seeschlangen getötet wird, die Poseidon geschickt habe, erzählt Nadine.
PHM Krabetzki ist zwar in der deutschen Rechtschreibung ein Fuchs, aber mit der griechischen Mythologie hat er es nicht so. Er dreht seine Augen nach oben, als ob er von dort eine göttliche Eingebung erwartet, aber

da kommt leider nichts – außer einer hauchdünnen Erinnerung an die Abenteuer des Odysseus in einem Kaffee-Magazin. In Fortsetzungen, glaubt er.

Nadine hingegen ist der Genitiv trotz ihres Abiturs irgendwie abhandengekommen, aber sie studiert Kunstgeschichte an der FU und kennt die griechischen Skulpturen wie ihre eigene Verwandtschaft. Sie ist hin und weg von diesem überaus lebendigen Kampf der Feuerwehrmänner mit dem sich windenden Wasserschlauch und dem C-Rohr. Das *muss* sie unbedingt fotografieren, am besten als Selfie, dann hat sie auch gleich den feschen Jungen mit dem ledernen Nackenschutz gespeichert. Sie steckt ihr Smartphone auf den Stick, dreht der abgefackelten Krippe und ihrem Laokoon und seinen Kollegen den Rücken zu, hält den Stick weit ausgestreckt, tritt einen Schritt, zwei Schritte zurück, stolpert über die kniende polnische Reisegruppe, stürzt rücklings zu Boden, verreißt den rechten Arm mit dem Smartphone und –

NEIN – NICHT !!! schreit Krabetzki, doch da trifft ihn schon der Stick mit Wucht an der rechten Schläfe, und der PHM sackt langsam, nahezu andächtig zu Boden …

Polizeibericht * (Weihnachtsmarkt II)
Polizeidirektion 2 – Abschnitt 24
20.12.2018 – 19.35 Uhr
Am heutigen Abend kam es auf dem Weihnachtsmarkt zu einem Einsatz des Abschnitts 24, der Rettungssanitäter und der Feuerwache Suarezstraße. Die Sicherheitskräfte vor Ort alarmierten die FW Suarez, den Notarzt und den Abschnitt 24 wegen eines Brandes der Nachbildung eines Stallgebäudes nebst Heiliger Familie und Krippe. Auslöser des Brandes war eine junge Frau im Engelskostüm (Nationalität noch unklar, vermtl. osteuropäisch), deren Laterne (Kostümbestandteil) mit einer offenen Flamme (Kerze) beim Sturz bei der Flucht vor einem Hund (Terrier, Halter unbekannt) das Stroh besagter Holzbehausung entflammte. Die anschl. Zeugenbefragung durch den PHM Krabetzki vom Abschnitt 24 ergab, dass durch eine Verkettung folgender Umstände: Zerstörung des Sterns von Bethlehem durch einen Selfie-Stick (Besitzerin Nadine, Nachname unbekannt), Verunreinigung einer Grünkohlpfanne durch besagten Stern und daraus folgende Verbrühung des Nackens einer männlichen Fleischerei-Fachkraft, Kopfverletzung einer jungen Frau (Yasmine, Nachname unbekannt) durch eine Tuba wegen Brandwunden des Bläsers durch den oder das Gulasch einer unbekannten weiblichen Person mit Verbrühung der Füße und Waden durch Glühwein und eine Bisswunde an der rechten Wade der o. g. Engelsperson durch o. g. Terrier.
Zeugenbefragung durch PHM Krabetzki mit anschließender Kopfwunde und Bewusstlosigkeit.
Gez. Krabetzki, PHM, z.Zt. Schlosspark-Klinik

(*) *Der Wahrheit verpflichtet bekenne ich: den Polizeibericht gab es nicht; alle Handlungen und Personen sind frei erfunden*

„In der Kürze liegt die Würze."

Julius Maggi*

*„Das spezielle Potenzproblem des Aphoristikers:
Je kürzer, desto besser."*

Hans-Hermann Kersten

** das ist ein Scherz – könnte aber sein, oder?
(ist von Shakespeare, ich weiß)*

Reklame-Sprech

„Ich lag da kürzlich bei meinem Orthopäden wegen meiner Bandscheibe auf einer Liege hinter einem Vorhang und wartete darauf, aus meiner Stufenlagerung befreit zu werden. Neben mir in der Nachbarkabine bereiteten zwei junge Arzthelferinnen den Raum für den nächsten Patienten vor." – „Das heißt heute nicht mehr Arzthelferin", belehrte ich meinen Freund.
„Na gut, dann eben Sprechstundenhilfen", korrigierte er sich kauend.
„Nein, nein, das heißt ‚medizinische Fachangestellte'!" musste ich ihn zurechtweisen.
„Bist du sicher? Nicht ‚Fachangestellt*in*'??" konterte er grinsend und fuhr dann fort:
„Naja, jedenfalls wuselten da zwei sehr junge Damen herum und erzählten sich die Ereignisse des letzten Wochenendes:
‚Ich hab Maik getroffen.'
‚Und?'
‚Er kam da so an und guckte so.'
‚Und dann?'
‚Er so: Na?! und ich so: Selber na!'
‚Niiiiedlich! Und dann?'
‚Dann er so: Haste Bock auf Kino? Und ich so: grins!'
‚Süüüüüß! Und dann?'
‚Er so: Da läuft im Apollo ein voll geiler James Bond mit Daniel Craig. Und ich so: Und? Titel? Er so: Ääääh,

weiß nich genau. Irgendwas mit Speck! Und ich dann so: Kicher.'
‚Geiiiil! Und dann?'
‚Ich dann: Der heißt Spectre, Alter. Den hab ich schon in Berlin gesehen, vor zwei Jahren, der kommt jetzt erst hier ins Kino?? Schwach, Alter!'
‚Suuuuper!! Und dann?'
‚Dann er so: Häää? Den haste schon gesehen?? Wie is der denn so – äckschenmäßig? Und ich so: Total krass, Mann, echt voll scharf!'
Ich wurde Zeuge, wie die deutsche Sprache langsam zu Tode gefoltert wird und konnte nichts dagegen tun."
Ich tätschelte tröstend seinen Arm.
„Das kannst du aber nicht der Jugend anlasten. Schau dich doch um. Die Werbung macht's uns doch täglich vor. Seit kurzem bietet ein Getränke-Lieferdienst seine Leistung mit Plakaten an, auf denen steht

Du so: Durst   – Wir so: DingDong
oder auch
Du so: Schlepp   – Wir so: DingDong.
Da fragt man sich – "
Mein Freund unterbrach mich und schaute mich entgeistert an.
„Was soll *das* denn heißen? Wieso denn DingDong?"
„Na ja, ich vermute, das bedeutet: Wenn du keine Getränkekisten schleppen willst, bringt sie dir die Firma nach Hause."

„Ja gut, aber wieso DingDong? Wieso Glockengeläut?"
„Das soll wohl bedeuten, dass die Firma bei dir zuhause anschellt, um dir die Kisten zu bringen."
„Also ehrlich, mein Lieber", grinste mein Freund, „Getränkewerbung mit DingDong? Ich habe bei DingDong ganz andere Werbeassoziationen. Ich denk eher an – "
Bei diesem letzten Satz war Mehmet hellhörig geworden und kam mit seinem Dönerschaber an die Theke.
„Hastu wieder Schweinkram im Kopf, Alter? Wie das Ferkel Rischard?!* Ihr seid komisch hier in Deutschland, ischwör! Kuckt man eure Frauen auf der Straße an, macht ihr Stress, aber von Plakat springen einem die Brüste ins Auge. Wo is da Logik, erzähl?! Beispiel: Isch fahr auf Autobahn hinter Kühllaster her. Steht drauf ‚Wir bringen Frischfleisch' und strahlt misch nackter Frauenhintern an. Was fährt der Laster, hä? Lamm oder Schwein oder Kuh oder nackte Frauen, hä?? Sagt meine Frau zu mir: ‚Kuckstu fremden Frauenarsch, Mehmet? Lass das! Kuckstu nisch hin!' Isch frag: ‚Was sollisch machen, Frau, sollisch jetzt mit zue Augen fahren? Dann fahr isch Frauenarsch hinten rein, ischwör!! Soll isch??' Wo ist da Respekt, Alter?! Noch ein Beispiel? Dann bei EDEKA, ischol Gemüse für Salat! Ischol Pilze und Tomaten und Frisee und Eischblatt und Paprika – kuckt misch von Plakat bärtiger Alter an und sagt, alles is geil! Was is an Gemüse geil, hä?? An Banane vielleicht, oder

(*) *siehe „Der Ring" im Buch* **„nützt ja nix"**

an Pflaume – aber an Radieschen??? Wo is da Logik, erzähl?!! Ihr Deutschen seid plemplem, Alter, wallah!"
Mein Freund verschluckte sich.
„Woher willst du denn wissen, an was ich bei Ding-Dong denke, Mehmet?"
„Gesicht is Spiegel der Gedanken, Alter, ischwör. Weiß isch von Tofu!"
Sofort kramte mein Freund sein Smartphone aus der Tasche und begann wie wild zu tippen.
„Das Gesicht ist der Spiegel der *Seele*, Mehmet, und das ist von Tu Fu, einem chinesischen Lyriker. Deine *vegetarischen Köfte* sind von Tofu!"
„Gedanken oder Seele – egal, bei dir war gerade eben Schweinkram, Alter!"
Ich hatte den Eindruck, dass unser Gespräch eine Richtung nahm, die ich nicht weiter verfolgen und ausbauen wollte. Beispiele gäbe es nämlich genug: Die liegende Nackte mit der sinnfreien Werbung der Gemeinde Triberg im Schwarzwald: *Steile Berge und feuchte Täler*, die Gruppe nackter Frauen, mit der RTL für eine Casting-Show wirbt: *ECHT. SCHÖN. KURVIG.*, oder das Plakat von Media Markt, auf dem eine Frau den Passanten ihren knappen BH mit **drei** Brüste entgegenstreckt – mit dem Hinweis: *Mehr drin, als man glaubt*. Also versuchte ich, das sexistische Terrain zu verlassen und auf weniger schlüpfrige und frauenfeindliche Werbeaussagen aufmerksam zu machen.
„Woischt, Kalle, es gibt jetzt ein *besssonderes* Öööl!"

Mein Freund bleckte vor Vergnügen die Zähne.
„Was moinscht??" antwortete er.
„Das Hanföl von *Ssseitenbacher*!" betonte ich.
„Aahh, *Ssseitenbacher*-Hanföl, Hanföl von *Ssseitenbacher*!" bekräftigte mein Freund und schlug sich vor Vergnügen auf die Schenkel, „oder moinscht das Bergsteiger-Müsli, Bergsteiger-Müsli von *Ssseitenbacher*?! Da fühlscht dich richtig gut!!"
Mehmet schaute uns verblüfft an.
„Was is los, Alter, habt ihr gesoffen?? Seid ihr aptal?* Ischhol den Arzt, ischwör! Sollisch?"
Wir beide kreischten vor Vergnügen, mussten Mehmet aber Recht geben. Irgendwie klang das ziemlich albern.
„Früher hatte ich immer **Bauchweh** und **Durchfall**. Ich hab mich kaum mehr rausgetraut." Mein Freund blickte plötzlich ganz traurig.
„Und **Blääääähungen**!" ergänzte ich, und mein Freund wandte sich verschämt ab und schaute gespielt verlegen zu Boden.
„Ist doch nicht schlimm!" beruhigte ich ihn – und dann brach es erneut aus uns heraus.
„Ein gereizter Darm. Aber dann haben wir Kitschidingsbums entdeckt, das Pflaster für den Darm!" brüllten wir beide vor Lachen und schnappten japsend nach Luft.
Mehmet kicherte jetzt auch.

(*) *bescheuert*

„Jetz weißisch! Ihr macht Reklame-Spresch! Im Radio und Fernsehen! Sitzen da auf Sofa, halten sisch an Hand und reden übers Furzen!! Oder stehen da und sagen: Kann mischnisch verabreden, Alter, muss dauernd auf Klo wegen Dünnschiss!" Er kreischte vor Vergnügen.
„Is gute Idee, machisch demnächst auch. Machisch so: ‚Hörzu, Mesut, gibt neuen Döner!' – ‚Hää, Alter?' – ‚Den *Schinken*döner von **Mehmet**!' – ‚Aaah, **Mehmets** Schinkendöner, *Schinken*döner von **Mehmet**!!' Isch mach, Alter, ischwör!!"
Unser Lieblings-Gastronom kriegte sich gar nicht mehr ein vor Begeisterung und spendierte gleich eine Runde Raki – und dann noch eine – und noch eine, glaube ich.
Als wir uns irgendwann – nicht mehr ganz nüchtern – von Döner, Raki und Mehmet verabschiedeten und sich unsere Wege an der nächsten Kreuzung trennten, brüllte ich meinem Freund auf der gegenüberliegenden Straßenseite winkend zu:
„Was moinscht, Kalle?" Das konnte er natürlich nicht unbeantwortet lassen, und er brüllte zurück:
„Immer wieder Durchfall – un duso?!"
„Bläääuhungen!!!"
Er musste natürlich das letzte Wort haben und schrie:
„Nimm Kitschidingsbums – von Sssseitenbacher, da fühlscht dich richtig gut!"
Ich glaube, wir werden eine Zeitlang auf Mehmet verzichten müssen – im *dem* Kiez können wir uns erstmal nicht mehr blicken lassen . . .

4 – 5 – 6

Kürzlich mäkelte mein Freund,
ich wäre dick und feist.
Mit 5und9zig Kilogramm
find' ich das ziemlich 3st.

2 Mittel gegen 1amkeit:
Sich vor den Spiegel setzen –
schöner finde ich, zu 2t
sich durch das Bett zu hetzen.

Der 3spitz ist ein alter Hut
von Friederich dem Alten.
Als 1spitz könnte man ihn glatt
für eine Tüte halten.

„Das Kla4 total verstimmt,
der Pianist besoffen!"
„Kriegst du dein Eintrittsgeld zurück?"
„Na ja, das will ich hoffen!"

Wenn 1t man einen Kuchen buk,
musste das Mehl man 7.
Ach ja, die gute alte Zeit –
Wo ist sie nur geblieben . . .

In 7bürgen wohnt ein Graf
mit seltsamen Gelüsten.
Blutorangen blieben fern,
wenn sie davon wüssten.

Beim Knacken einer Haselnuss
brach mein Gebiss ent2.
Das Kotelett isst nun meine Frau,
ich ess' Kartoffelbrei.

Auf 8erbahnen wird mir schlecht,
da rebelliert mein Magen.
Ich möcht' ver2feln, doch was soll's –
ich kann sie nicht vertragen.

Im Rotlicht-Gr8en4tel steh'n
nackte Meisjes hinter Scheiben.
Die Ehefrau will weitergeh'n,
der Mann würd' gern noch etwas bleiben . . .

„Frau Doktor, mein 12fingerdarm,
der macht mir große Sorgen!"
„Hab grad 'nen Dickdarm vor der Brust,
kommen Sie lieber morgen."

Betr8et man das 3gestirn
am Schluss der Fassen8,
sieht man an dessen trüben Blick:
Es hat sich ausgel8.

„Die Elefantenzähne hier,"
spricht Großwildjäger Heinz,
„gehör'n mir nicht. Das 11enbein
ist Juan Carlos s1."

Der 10kampf strengt mich zu sehr an,
das ist doch kein Vergnügen!
Ich kämpfe lieber mit dem Schlaf,
denn dabei kann ich liegen.

Bei genauerer Betr8ung
befand Professor h.c. Meyer,
bevor er demnächst 90 würde,
wär's Zeit für einen flotten 3er.

Klug mal 12 plus 9 durch 3
minus 3 mal 36,
Wurzel draus plus 6 durch 2
ergibt 9malklug, das weiß ich.

Theo 20er, der Ex
vom Deutschen Fußballbund,
bestätigt unlängst das Gerücht,
der Fußball wäre rund.

W8elbrust in Eipanade,
ein 4tel Liter Sahne,
zuvor ein Tässchen Bouillabaisse –
das ist nichts für Vegane . . .

*„Komik ist Tragik
in Spiegelschrift."*

Max Herre

Wie man einen Film erzählt

Gestern waren unsere Freunde auf ein Glas Wein bei uns. War ein lustiger Abend mit den beiden. Fragt sie uns plötzlich:
„Habt ihr den Film vorgestern auch gesehen?"
Ich: „Nee, wir waren im Konzert. Wie hieß der denn?"
Sie: „Weiß ich jetzt nicht mehr – das war ein Sexfilm."
Meine Frau: „Im Fernsehen? So richtig?"
Sie: „Ja, aber auch ein Krimi – also ein Sex-Krimi."
Er: „Ja, der spielte im Wald!"
Sie: „Und am See! Auf 3sat!"
Er: „Ja, irgendwie ging es da um ein schwules Paar, die hatten Sex am Ufer, und dann kam einer aus dem Wald und dann gab es Streit und dann – "
Sie: „Nein, das musst du schon richtig erzählen. Das war anders. Also der eine – Michel, also Mischäll, war ja ein französischer Film. Also Mischäll war da am Strand und dann kam Franck, also Frooonk, spielt ja in Frankreich, also der kam und hat dann mit Mischäll so rumgemacht, oder nee, warte, erst war da so einer mit einem dicken Bauch, aber mit dem wollte Mischäll wohl nichts anfangen, und darum verschwand der mit dem dicken Bauch in den Wald."
Ich: „Wie – so rumgemacht?"
Sie: „Na ja, so richtig eben. Aber der Frooonk ist dann hinter dem Dicken her, weil der ja eigentlich mit dem Mischäll, was der aber nicht wollte, was aber Frooonk

wohl nicht wusste. Und dann – "
Er: „Und dann wurd's dunkel!"
Sie: „Nee, noch nicht. Erst kam dann der mit dem dicken Bauch wieder aus dem Wald und ging an den Strand zu Mischäll, weil Frooonk den Dicken im Wald wohl nicht gefunden hat. Aber Mischäll glaubte jetzt anscheinend, dass der mit dem dicken Bauch seinem Liebhaber was angetan hat und ließ den Dicken am See stehen und rannte auch in den Wald."
Er: „Und dann wurd's dunkel."
Sie: „Nein, jetzt doch noch nicht! Mischäll ist in den Wald gerannt und hat gerufen ‚Ich komme, ich komme' und der mit dem dicken Bauch am Strand hat gerufen ‚Kommst du?' und dann – "
Ich: „Wieso ‚Ich komme'? Haben die Verstecken gespielt?"
Er: „Nee, das war doch ein Sexfilm!"
Sie: „Jedenfalls hat Mischäll im Wald wohl Frooonk getroffen und wahrscheinlich nochmal mit ihm rumgemacht, jetzt aber umgekehrt, das konnte man aber nicht sehen, weil das ja im Wald war – "
Er: „Und dunkel!"
Sie: „Nee, jetzt doch noch nicht. Und dann haben beide gerufen ‚Ich komme', was den Dicken am Strand irgendwie total verunsichert hat, weil er wohl dachte, die beiden kämen jetzt aus dem Wald, aber dann kam nur Frooonk."
Er: „Und dann wurd's dunkel!"

Ich: „Moment, Moment, jetzt komm ich etwas durcheinander. Wer hat denn jetzt gerufen ‚ich komme' und ist dann doch nicht gekommen? Frooonk oder der Dicke?"
Sie: „Nicht der Dicke!! ***Frooonk***!!! Und ***Mischäll***!!! Is doch auch egal! Jedenfalls – "
Er: „Jedenfalls wurd's dunkel."
Sie: „Nee, Quatsch!! Weil aber jetzt nur Frooonk kam, dachte der mit dem dicken Bauch, da im Wald wäre was passiert mit Mischäll und ließ Frooonk am Ufer stehen und rannte in den Wald und schrie immer ‚ich komme', und dann traf er im Wald auf Mischäll, und der dachte, der Dicke hätte Frooonk was angetan, weil ja der Dicke kam und nicht Frooonk. Na, jedenfalls, weil Mischäll das wohl glaubte, wollte er Frooonk rächen und rammt dem mit dem dicken Bauch ein Messer in den dicken Bauch – "
Er: „Oder war das Frooonk?"
Sie: „Is ja auch egal!"
Er: „Der hat dem voll das Messer in den Bauch gerammt. Wahnsinn!"
Sie: „Sag ich doch die ganze Zeit! Und dann wurd's dunkel."
Er: „Sag ich doch die ganze Zeit. Dann wurd's dunkel."
Meine Frau: „Das ist jetzt aber nicht der Film mit den schwulen Cowboys, oder?"
Sie: „Bärchen, waren das Cowboys?"
Bärchen: „Cowboys in Frankreich? Glaub ich nicht. Die

waren ja alle nackt. Das konnte man nicht erkennen. War ja auch alles dunkel."
Sie: „Nee, das war nicht der Film mit den Cowboys. Lief der auch im Fernsehen?"
Meine Frau: „Nein, im Kino!"
Er: Habt ihr den denn gesehen?"
Ich: „Nee."
Sie: „Schade, hättet ihr uns dann ja erzählen können."
Ich: „War der Dicke denn dann tot?"
Sie: „Ich glaub wohl. Aber es war ja dunkel."
Ich: „Ein toller Film! Wenn der wiederholt wird, guck ich den auch!"

Die Personen und ihre Darsteller

Sie . . . . unsere Freundin, Frau von Er
Er . . . . unser Freund, Mann von Sie
Bärchen . . . . Er
Mischäll . . . . Michel
Frooonk . . . . Franck
Der Dicke . . . . . der mit dem dicken Bauch
Meine Frau . . . . meine Frau
Ich . . . . ich

Romeo und Julia
3. Aufzug, 5. Szene

<u>Julia</u>: Liebling, hör, die Nachtigall,
du kannst getrost noch bleiben.
Wenn du zu spät kommst, kann ich dir
eine Entschuld'gung schreiben.
<u>Romeo</u>: My dear, da draußen in der Luft
singt niemals eine Nachtigall!
Es ist die Lerche, die da ruft!
Ich muss nun fort, auf jeden Fall!!
<u>Julia</u>: Romeo, was du da hörst,
ist der Nachtigallen Weise.
<u>Romeo</u>: Ich bin mir sicher, Julia,
da zwitschert eine kleine Meise.
<u>Julia</u>: 'Ne Meise?? Bist du noch bei Trost??
Sag, bist du noch zu retten?
Da singt ganz klar die **Nachtigall**!
Um wieviel woll'n wir wetten?
<u>Romeo</u>: Nein, jetzt weiß ich es, mein Schatz –
vorm Fenster tschilpt ein frecher Spatz.
Ich muss verschwinden nun geschwind.
Weißt du, wo meine Socken sind?
<u>Julia</u>: Bleib doch, Geliebter, du musst wissen,
die Nachtigall ist's, die wir hören.
Leg dich zu mir auf meine Kissen
nichts und niemand soll uns stören.

Romeo: Dein Liebreiz ist betörend schön –
Dein Leib, dein Antlitz und dein Schopf.
Doch ich sollte lieber geh'n –
da draußen singt ein Wiedehopf.
Julia: Sieh mich doch an,
das alles hier
soll dir gehören,
lieber Mann.
Romeo: Julia, verführ' mich nicht,
dein Vater springt mir ins Gesicht.
Ich würde liebend gern dich kosen –
sag mal, wo sind meine Hosen?
Könnt', der da singt, ein Kuckuck sein?
Julia: Nein, mein Lieber, dreimal nein!!!
Glaub mir, da singt die **Nachtigall**.
Ihr süßes Lied soll dich verführen,
küss mich, küss mich überall,
komm, ich will dich nochmal spüren.
Romeo: Verdammt, ich kann
mein Hemd nicht finden.
Hilf mir suchen, sei nicht dumm.
Die Amsel singt, und wenn dein Vater
mich bei dir sieht, bringt er mich um.
Julia: Die Nachtigall, sie jubiliert,
und nicht die Meise, nicht die Amsel,
und wenn sich wer zu mir verirrt –
ist's nicht der Vater, 's ist die Mamsell.
Drum komm ins Bett und hab mich lieb –

*Romeo: Macht draußen nicht
der Dompfaff ‚piep'?
Tiriliert vielleicht der Star
oder doch die Drossel gar?*
Julia: Ich sag dir doch, so glaube mir,
es ist die **Nachtigall**, die schöne.
Leg dich hin, ich komm zu dir,
auf dass ich zärtlich dich verwöhne.
*Romeo: O my God, my lovely girl,
please keep quiet, my love, I think
I have to go because outside
is singing loud a Distelfink!*
Julia: Romeo, du bist verrückt,
es hat die **Nachtigall** gesungen!
Ich dacht', du wärst von mir entzückt –
doch leider scheint das nicht gelungen.
Ich liege nackt auf meinem Laken –
*Romeo: Die Sache hat nur einen Haken:
es war die **Lerche**, immer wieder!
Gib mir mein Hemd, hier ist dein Mieder!
Ich muss jetzt wirklich von dir scheiden,
die Capulets könn'n mich nicht leiden!
Da, lausch – der Lerche letzte Mahnung!*
Julia: Nun denn, das wird nichts
mit uns beiden –
doch eines muss ich dir bescheiden:
von Vögeln hast du keine Ahnung!!

*„Lache nie über die Dummheit
der anderen.
Sie ist deine Chance."*

Winston Churchill

Tatort

Gestern war Sonntag!
Sonntag ist Tatort-Tag!
Was, Sie haben gestern Abend den Tatort verpasst?
Und Sie haben ihn nicht aufgenommen?
Sie wissen auch nicht, wie Sie in die Mediathek – ah,
Sie wissen gar nicht, dass Sie so was haben?
Das macht nichts. Ich kann Sie beruhigen. Ich gebe zu,
dass mich das, was ich Ihnen mitzuteilen gedenke, ein
jahrelanges Studium gekostet hat. Viele hundert Tatorte
habe ich mir angeschaut. Im November 1970 ging das
los mit Walter Richter. Ich kenne sie alle, die Kommissarinnen und Kommissare, fast alle Assistentinnen und
Assistenten – und auch sehr viele Nachahmer-Krimis,
egal, wo sie spielen: in den Alpen, im Mittelgebirge, im
norddeutschen Flachland, am Bodensee, an der Nordsee, an der Ostsee, im Westen, im Osten, im Süden und
im Norden. Mal sprechen die Protagonist*innen hochdeutsch, mal Dialekt, mal verständlich, mal unverständlich, aber meistens wird genuschelt. Wenn nicht genuschelt wird, ist die Musik zu laut. Ich habe Hektoliter
von Filmblut begutachtet – meistens zu rot und zu glänzend, wenn Sie mich fragen.
Wenn die genervte Kommissarin oder der schlecht gelaunte Kommissar vor der Leiche steht, die schon seit
Stunden auf deren oder dessen Einsatz wartet, kann uns
das Blut nicht mehr hellrot und glänzend wie Lackfarbe

vom Küchen-, Dielen-, Schlaf-, Wohn- oder Badezimmerboden entgegenstrahlen. Dann ist das Blut schwarz und stumpf, oder? Um das zu wissen, muss man kein Metzger oder Mörder sein.

Ich habe hunderte Leichen zuerst lebend, dann auf Teppichen, Parkett- oder Laminatböden und Fliesen gesehen – das heißt: nein, auf Laminatböden liegen keine Leichen. Laminatböden kommen in Krimis grundsätzlich nie vor, nicht mal in Messi-Höhlen oder in Sozialwohnungen und schon gar nicht in hochherrschaftlichen Villen. Bei Derrick zum Beispiel wurde immer nur in besseren Kreisen gemordet, also so ab einem Jahresgehalt oberhalb von zweihunderttausend Euro. In sozialen Brennpunkten hat man Derrick mit seinem Assistenten Klein nie gesehen. Aber ich schweife ab. . . . .

Anschließend liegen die Leichen dann auf dem Edelstahltisch in der Pathologie – erst unter einem Tuch und dann nackt, wenn die Pathologin oder der Pathologe das Tuch zurückschlägt, worauf die Kommissarin oder der Kommissar sich voll Grausen abwendet, weil sie oder er kein Blut sehen kann.

Sechsundsechzig Prozent der Leichen sind weiblich, und neunundneunzig Prozent der Drehbuchautoren sind männlich – honi soit qui mal y pense.

Ich habe zig nackte Penisse und zweimal zig nackte Schamhügel studiert und dabei feststellen müssen, dass Intimrasur in Krimis im Allgemeinen und beim Tatort im Besonderen kein Thema ist, will sagen: die Betrach-

tung der Leiche durch die Kommissare und die Betrachtung der Kommissare, die die Leiche betrachten, durch uns Zuschauer ist eine haarige Angelegenheit.
Neunzig Prozent der Leichen haben den typischen Y-Schnitt, der in der Rechtsmedizin dazugehört und den Kommissaren beiderlei Geschlechts immer arg zusetzt.
Bevor die Leichen aber zu dem werden, was sie in einem Tatort zu sein haben – Leichen –, werden sie natürlich zu ebensolchen gemacht. Das geschieht auf vielfältige Weise: Die betreffenden Personen werden erschlagen, erschossen, erstochen, erdrosselt, ertränkt, vergiftet oder vom Balkon geschubst. Manchmal, wenn die Pathologin oder der Pathologe besonders gut drauf ist, erfahren die Kommissare vor dem Edelstahltisch, auf dem eine blässliche Wasserleiche mit blonden Haaren liegt, dass selbige gar nicht ertrunken ist. Die wäre vorher schon tot gewesen – wahrscheinlich durch Ersticken. Bei *blonden* blässlichen Wasserleichen sieht man übrigens nicht so genau, ob sie vielleicht doch intimrasiert sind, weil *alles* irgendwie so blass aussieht.
In amerikanischen Filmen gibt es *einen* Standardsatz, der in neunzig Minuten mindestens zehnmal vorkommt. Er lautet *oh my god*, wobei das ‚o‘ im ‚*oh*‘ als langes, geschlossenes ‚o‘ wie bei ‚Wohl‘ und das ‚o‘ im ‚*god*‘ als kurzes, offenes ‚o‘ wie bei ‚Wolle‘ gesprochen wird, das aber seehr langgezogen, also *oh my gooood*.
Im Tatort gibt es *zahlreiche* Standardsätze. Bei übel gelaunten Kommissaren sind es allerdings nur Standard-

worte, die sie missmutig äußern, zum Beispiel:
„*Wissen wir schon, wer das ist?*" – „*Doktor, kennen wir schon die Tatzeit?*" – „*Ist die Tatwaffe bekannt?*" – gut gelaunt.
„**Wer**?!" – „**Wann**?!" – **Womit**?!" – schlecht drauf.
Weitere Standarddialoge zwischen Kommissaren und Pathologen lauten wie folgt:
„*Doktor, wie lange ist er schon tot?*" – „*Vielleicht seit zehn Stunden, Genaueres kann ich erst nach weiteren Untersuchungen sagen.*" – „*Wann denn, Doktor?*" – „*Morgen!*" – „*Geht das nicht etwas schneller??*" **oder**
„*Doktor, wurde sie . . . ?*" – „*Wir haben Sperma gefunden. Die Frau hatte Geschlechtsverkehr, ob freiwillig oder gezwungen, kann ich erst nach weiteren Untersuchungen sagen.*" – „*Wann denn, Doktor?*" – „*Morgen!*" – „*Geht das nicht schneller??*" **oder**
„*Was können Sie über die Tatwaffe sagen, Doktor?*" – „*Sehen Sie die Wunde hinter dem rechten Ohr? Vermutlich stammt die von einem Schlag mit einem stumpfen Gegenstand. Genaueres kann ich erst nach weiteren Untersuchungen sagen.*" – „*Wann denn, Doktor?*" – „*Morgen!*" – „*Geht das nicht schneller??!!*"
Dann wird noch ausgiebig der Mageninhalt geschildert, worauf einer der beiden ErmittlerInnen den Raum verlässt, weil er oder sie kotzen muss.
Wenn Verdächtige in die Mangel genommen werden, gibt es noch zwei ganz wichtige Fragen: „*Wo waren Sie gestern Abend?*" oder „*Wo waren Sie zur Tatzeit?*"

Die Antworten darauf sind meistens so ungenau und demzufolge unbefriedigend, dass man den Kommissar*innen ihre missmutigen Gesichtszüge nicht übel nehmen darf. Auch die taterhellende Frage an die verwitwete Ehefrau: *„Hatte Ihr Mann Feinde?"* erweist sich leider immer als wenig fruchtbar, weil der Ermordete **nie** Feinde hatte. Der Grund der Tat bleibt zum Zeitpunkt der Fragestellung also leider im Dunkeln.
Nun kommen wir zu den Tatwerkzeugen. Es wird gemordet mit stumpfen Gegenständen, mit spitzen Gegenständen, mit Messern der unterschiedlichsten Klingenlängen und -breiten, mit Kissen, mit Drahtschlingen und mit Kaliber 9 Millimeter. Für den Stoß vom Balkon nimmt der Mörder die Arme. Mörderinnen stoßen eher selten ihr Opfer über die Brüstung, was an mangelnder Körperkraft liegt. Mörderinnen morden mit Gift.
„Doktor, wissen Sie schon was über das Tatwerkzeug?" – *„Ja, sie wurde mit einem Kissen erstickt. Ich habe kleine Daunen in ihren Lungen gefunden."* – *„Was für ein Kissen war das, Doktor? Ein Sofakissen?"* – *„Genaueres kann ich erst nach weiteren Untersuchungen sagen!"* – *„Wann denn, Doktor?"* – *„Morgen!"* – *„Geht das nicht schneller??!!"*
Wo mit all diesen Tatwerkzeugen gemordet wird? Nun, da hätten wir das Hochhausdach, die Wohnung, den nächtlichen Stadtpark und – wenn sich das mitunter abstruse Drehbuch dramaturgisch nicht anders aufpeppen lässt – die Tiefgarage. Tiefgaragen sind, was den Gru-

seleffekt angeht, die nächtlichen Friedhöfe der früheren Vampirfilme. Es ist dunkel, es steht kaum ein Auto darin und es hallt so schön gänsehautmäßig, wenn der Mörder – nein, Frauen morden nicht in Tiefgaragen, da hätten sie viel zu viel Angst – die Stahltür zufallen lässt.

Tatort-Kommissare treten in den meisten Fällen paarweise auf, wobei oft eine oder einer ein unsympathischer Kotzbrocken ist, der Eheprobleme hat. Aber es gibt auch die jüngeren Kolleginnen und Kollegen, die dann gerne von den Alpha-Tieren mit Vor- oder Nachnamen – und manchmal auch mit *du* – angesprochen werden. So haben wir im Laufe der Zeit unter anderem Perlmann, Stedefreund und Nadeshda kennen und lieben gelernt.
Neben den Ermittlern und den meist arroganten Rechtsmedizinern spielen natürlich noch andere Gruppen mit. Da wäre zum Beispiel am Anfang jedes Tatortes die uniformierte Truppe vom zuständigen Polizeirevier, die den Tatort oder den Fundort der Leiche abgesperrt hat. Wenn dann die Kommissare kommen – meistens erscheint der Kotzbrocken verspätet, weil er sich abends wegen seines Ehefrustes zugeknallt hat – und unter dem hochgehaltenen Flatterband durchgekrabbelt sind, werden die Deppen in der Uniform erst mal kräftig zusammengeschissen, weil sie natürlich alles falsch gemacht haben. Zum Beispiel sind sie über die Reifenspuren gelatscht, die die Spurensicherung am Fundort der Leiche

entdecken sollte. Die ‚Spusi', also die Spurensicherung, sind die Leute in den weißen Schutzanzügen, die auch gerne schon mal was übersehen, was dann die Kommissare später kopfschüttelnd finden.
Apropos Reifenspuren. Reifenspuren spielen in Krimis eine exorbitant wichtige Rolle. Sie werden nahezu an allen Tatorten gefunden und von der ‚Spusi' mit Gips ausgegossen. Bei zirka vierundvierzig Millionen zugelassenen Autos in Deutschland wäre es allerdings bemerkenswerter, wenn die ‚Spusi' an einem Tatort *keine* Reifenspuren entdecken würde ...
Was Schutzpolizisten auch immer wieder gerne falsch machen, was aber für den Spannungsaufbau unerlässlich ist: Wenn eine wichtige Zeugin oder ein noch wichtigerer Zeuge schwerverletzt im Krankenhaus liegt, weil sie oder er einem Anschlag des Täters zum Opfer gefallen ist, ordnen die ErmittlerInnen sofort Personenschutz an. Fortan sitzt vor dem Krankenzimmer ein uniformierter Polizist. Just in dem Moment, wo der Täter das Krankenhaus betritt, um der Zeugin oder dem Zeugen das Lebenslicht endgültig auszuknipsen, bemerkt der Bulle, dass er seit einer halben Stunde keinen Kaffee mehr getrunken hat. Also verlässt er seinen Posten und geht zum Kaffee-Automaten, der leider eine Etage tiefer steht. Seine Mütze legt er auf den Stuhl, um den Schutz der Staatsmacht zu dokumentieren. Kaum ist er im Treppenhaus verschwunden, betritt der Mörder den Flur, steuert zielsicher auf das unbewachte Kranken-

zimmer zu, tritt an das Bett der Zeugin oder des Zeugen und entfernt entweder alle Infusionen oder stellt alle Geräte aus. Das funktioniert auch, wenn der Polizist mal eben ganz schnell pinkeln muss, weil er vorher so viel Kaffee getrunken hat. In seltenen Fällen bleibt der Polizist auf seinem Posten. Dann verschwindet der Täter in einem Nebenraum, findet auf Anhieb einen Arztkittel, schlüpft in denselben und geht damit an dem Bullen vorbei ins Krankenzimmer, tritt ans Bett – und so weiter und so fort, derweil der Bulle seelenruhig in seinem ‚Playboy' blättert. Das geht *immer* so, da können Sie Gift drauf nehmen – um im Genre zu bleiben.
Eine weitere Personengruppe sind die Assistent*innen. Sie werden von den Kommissar*innen ‚Bäckchen' oder ‚Kalli' oder ‚Jütte' gerufen, müssen Kaffee kochen und sind oft mit so *langweiliger* Polizeiarbeit beschäftigt, dass sie einem wahnsinnig leidtun. Völlig frustrierend sind die Aufträge, die Telefonate der Verdächtigen und der Opfer von deren Handys aufzulisten – möglichst von den letzten sechs Monaten. Wenn sie das dann irgendwann in den zur Verfügung stehenden neunzig Minuten geschafft haben und mit zwanzig Seiten dokumentierter Verbindungen triumphierend wedelnd ins Büro stürzen, war alles umsonst, weil die Kommissare den Fall inzwischen auch ohne die Handy-Nummern gelöst haben. Merkwürdigerweise telefonieren aber nur die Verdächtigen und die Opfer. Wenn die Kommissare – vor allem in brenzligen Situationen – ihr Handy be-

nutzen wollen, hört man ebenfalls einen ganz wichtigen Standardsatz:
„Scheiße, kein Empfang!!"

Eine weitere undankbare Aufgabe der Assistent*innen ist die Befragung der Nachbarn, die nie, *nie* etwas gehört haben. Nachbarn sind entweder schwerhörig oder dement oder beides. Manchmal sind sie auch nur destruktiv. Neben Nachbarn könnte man eine Haubitze abfeuern – sie würden nichts hören. Dass Assistenten auch schon mal den Wagen holen sollen, ist allerdings ein Gerücht. Das musste nur ein einziges Mal ‚Harry' für Stefan Derrick tun, aber das ist lange her.
Sehr lange her ist auch ein Keuschheitsgelübde des öffentlich-rechtlichen Fernsehens. Seit einiger Zeit wird in rund vierzig Prozent der Krimis gevögelt, geknattert, gebumst und geschnackselt, Tendenz steigend – je nach dem, in welcher Region die Kommissar*innen auf Mörderjagd gehen. Der Aufforderung eines Verdächtigen beim Verhör: *„Fickt euch, ihr Bullen!"* kommen die Angesprochenen aber nur in den seltensten Fällen nach. Das könnte man sich bei Ballauf und Schenk oder Batic und Leitmayr auch irgendwie nicht richtig vorstellen....
Bei den Kommissaren Lessing und Dorn in Weimar gelänge das schon eher, aber die sind ja auch das einzige Ermittler-Ehepaar im Tatort, nachdem das geschiedene Ehepaar Keppler und Saalfeld in Leipzig den Dienst quittiert hat und am Schluss ihres letzten Falls im Bett

gelandet ist – leider lief dann der Abspann.

Kommen wir nun zu den Verdächtigen. Diese Gruppe macht alles, was man so tagtäglich macht, aber hauptsächlich macht sie sich verdächtig. Sie machen sich alle *so* verdächtig, dass die Kommissare und Kommissarinnen wie die Blöden jeder falschen Spur nachrennen. Ja, sie verrennen sich so sehr, dass wir Zuschauer total perplex sind, wenn eine oder einer der beiden fünf Minuten vor Schluss ganz plötzlich weiß, wer und wo der Täter oder die Täterin ist. Wir hatten mal einen Bundeskanzler, der zwischen zwei Zigaretten empfahl, wer Visionen habe, solle zum Arzt gehen.
Wenn unsere Ermittler*innen diesem Ratschlag folgen würden, säßen sie die letzten zehn Minuten des Films in irgendeinem Wartezimmer, denn ohne Visionen läuft im Tatort gar nichts!!
Na, jedenfalls stecken sie so oft und gründlich in einer Sackgasse, dass sie ihren Vorgesetzten ziemlich auf den Senkel gehen. Ach ja, diese Vorgesetzten: Alles Vollpfosten im höheren Dienst, keine Ahnung von der wirklichen Polizeiarbeit, ständig schlecht gelaunt, eitel und dumm wie Haselnüsse. Sie werden nur noch übertroffen von den dämlichen und überheblichen Typen vom LKA und von den Staatsanwälten, die auch mitspielen, weil sie manchmal einen Durchsuchungsbeschluss beantragen müssen. Sie tun das aber nur ungern, denn sie sind nach Meinung der ErmittlerInnen die totalen Weicheier

und sowieso zu nichts zu gebrauchen. Die dazugehörenden Standardsätze lauten:
„Ey, Sie dürfen hier nicht rein, oder haben Sie vielleicht einen Durchsuchungsbefehl?" – *„Haben wir!! Hier, bitte schön!!"*
Wenn die Staatsanwälte sich verweigern, gehen die Kommissar*innen trotzdem in die Wohnung. Erst klingeln sie, und wenn sich niemand rührt, nehmen sie ihre EC-Karte, öffnen in Sekunden das Türschloss und murmeln: *„Hast du den Schrei gehört? Gefahr im Verzug!"*
Auch das ist ein sehr beliebter Standardsatz.
Und dann sind wieder die Deppen in der Uniform dran, die ächzend und keuchend kistenweise irgendwelchen Sperrmüll aus dem Haus schleppen. Den Laptop nimmt immer ein Ermittler mit – und man glaubt es kaum, aber in **kürzester** Zeit haben er oder ein Assistent das Passwort gefunden und den PC geknackt. Alles Visionen!!!
Eine erfreuliche Ausnahme bei der ansonsten ziemlich ignoranten und nervigen Gruppe der Staatsanwälte ist die Staatsanwältin Emilia Alvarez vom Tatort in Stuttgart. Lannert und Bootz, die beiden Kommissare, sonst ganz scharf auf Außeneinsätze, sind vom Innendienst gar nicht wegzukriegen, wenn sie auftaucht.
Auch Tierfreunde kommen beim Tatort auf ihre Kosten. Wenn in den ersten zwanzig Minuten keine Leiche gefunden wird, kommt die Suchhundtruppe zum Einsatz. Dann muss ein vor Dienstgeilheit winselnder Schäferhund an einer alten Socke riechen, hechelt anschließend

durch Feld, Wald und Wiese, dass der beleibte, kurz vor seiner Pensionierung stehende Hundeführer kaum noch mitkommt – und findet unter einem Herbstlaubhaufen das leblose Opfer. Wenn der Drehbuchautor allerdings die Spannung bis ins Unerträgliche steigern will, kann es vorkommen, dass der Hund nur die zweite alte Socke aufspürt. In jedem Fall ruft der Hundeführer dann laut „Fund" und lobt den Hund. Der freut sich wie Bolle, auch über die alte Socke. Schließlich kann er ja auch nichts für das Drehbuch.

Kommen wir zum Finale. Auch da gibt es eine Gruppe, ohne die nichts läuft: das Spezialeinsatzkommando, kurz SEK.
Nun sollte man meinen, wenn die maskierten Jungs vom Spezialeinsatzkommando anrücken, halten sich unsere Ermittler*innen vorsichtig zurück. Weit gefehlt! Sie widersetzen sich regelmäßig den Anordnungen des Einsatzleiters, weil sie alles besser wissen, und bringen sich immer wieder in eine nicht nachzuvollziehende Lebensgefahr. Aber wenn das SEK dann doch mal seine Arbeit machen darf, wird's hochdramatisch. Ein paar Standardsätze gefällig?
Mit Brachialgewalt wird die Wohnungstür aufgerammt, die Truppe stürzt ins Haus und schwärmt mit vorgehaltenen Waffen in alle Räume. Zimmer für Zimmer wird so erobert und die Lage gemeldet:
„Diele sicher!" – „Wohnraum sicher!" – „Schlafraum

sicher!" – *"Bad sicher!"*
Bleibt nur noch das Kinderzimmer, in dem sich der Täter mit dem Kommissar verschanzt hat.
*"**Nicht schießen!** Auf meinen Schießbefehl warten! Ein Kollege befindet sich als Geisel im Kinderzimmer. Außenposten beziehen und Schussfeld prüfen!!"* – das ist der Einsatzleiter.
Einige Jungs vom SEK besetzen die umliegenden Dächer und spähen durch das Zielfernrohr ihrer Präzisionsgewehre.
"Hier Anton! Kinderzimmer im Visier!" – *"Hier Berta! Kinderzimmer im Visier!"* – *"Hier Cäsar!"* .... und so weiter und so fort.
"Könnt ihr sehen, was im Zimmer passiert?" – das ist der Einsatzleiter.
"Geisel sitzt mit verdächtiger Person am Boden ... und spielt mit ihm mit der Carrera-Bahn. Verdächtiger hat seine Waffe weggelegt und bedient den Joystick .... Gerade ist sein Ferrari vom Porsche der Geisel überholt worden. Schussfeld ist frei." – das ist Berta. Oder Anton oder – ist ja auch egal.
"ZUGRIFF!!!" – das ist der Einsatzleiter.
Und dann geht alles ganz schnell. Die Tür wird just in dem Moment eingetreten, als der Täter hinter sich greift und seine Waffe – 9 Millimeter – dem Kommissar entgegen hält. Er will sie ihm geben, denn darum haben beide gewettet. Wer das Carrera-Rennen verliert, verliert auch seine Pistole. Sowas nennt man Deeskalation.

Leider haben das die SEK-Jungs nicht mitgekriegt. Sie sehen die Waffe in der Hand des Täters und – der als Geisel genommene Kommissar schreit noch *„NICHT schießen!!!"* – aber leider zu spät . . .

Hinterher wird dann Borowski aus Kiel von seiner Ex-Psychologin angerufen und meldet sich: *„Ich höre?!!"* Die Ex-Psychologin ist auch seine Geliebte oder seine Ex-Geliebte, je nachdem, welche Folge man sich gerade anschaut.
Kommissar Thiel aus Münster begrüßt seinen dauerbekifften Vater mit *„Moinsen Vadder"* und lässt sich von ihm zu Professor Boerne fahren, der sich in der Rechtsmedizin grade mit seiner Assistentin Alberich über den in der gestern eingelieferten männlichen Leiche gefundenen Giftcocktail streitet. Alberich ist ein Spitzname. Eigentlich heißt die Assistentin Silke Haller, was den arroganten Boerne aber einen Scheiß interessiert, denn wegen ihrer kleinen Statur nennt er sie wie den Zwerg bei Richard Wagners Nibelungen – aber das ist ein anderer Tatort.
Lessing und Dorn in Weimar wollen endlich mal in aller Ruhe eine Nummer schieben, was sie schon mehrfach versucht haben, aber **wieder** kommt ihnen der Schupo Lupo dazwischen, und am Ufer des Rheins klaut Kommissar Schenk dem Kollegen Ballauf am Stehtisch einer Pommes-Bude, die es dort gar nicht gibt,

die halbe Currywurst und fünf Kartoffelstäbchen, weil er gerade mal *keine* Diät macht, und Ballauf hat jetzt aber wirklich die Schnauze voll und ruft empört:
*„Mensch Freddy, hör doch mal **auf** mit dem Scheiß!!!"*

Worum ging's jetzt eigentlich? – Ach ja, richtig, Sie haben am letzten Sonntag den Tatort verpasst.
Das macht aber nichts, denn der Tatort wird wiederholt, immer wieder! Und außerdem, ganz ehrlich – das haben Sie ja gerade gelesen: **Kennste einen, kennste alle!**

„Satire ist Liebe mit Pfeffer."

Manfred Hinrich

Höhepunkte

Nein, nein, nicht was Sie jetzt vielleicht denken, was Mehmet denkt, was mein Freund denkt – es geht um die jahreszeitlich festgelegten Höhepunkte des christlichen Abendland-Kalendariums.
Wir beginnen mit Ostern. Ostern ist so beweglich wie der heidnische Hase, der – aller Logik und Konsequenz zum Trotze – von uns mit derselben Inbrunst gefeiert wird wie Jesu Christi Auferstehung. Wenn er nicht sowieso schon längst das Rennen gemacht hat. Ostern fällt auf den Sonntag nach dem ersten Vollmond nach Frühlingsanfang. Das bedeutet für uns alle terminlich eine ungeheure Rumeierei. Apropos Rumeier: Ja, der Hase bringt nicht nur die bunten, hartgekochten Eier, sondern für die älteren Semester auch die alkoholisierten Schokoeier. Die werden auch von Vegetariern und von Veganern gegessen. Bei den bunten Eiern, die der Hase schon Monate vorher den Hühnern abschwatzt, sieht das anders aus. Veganer und Lacto-Vegetarier essen sie nicht, Ovo-Lacto-Vegetarier essen sie und Ovo-Lacto-Pisce-Vegetarier essen sie auch und dazu noch Fisch. Sie würden also auch Rogen – Fischeier – essen, aber die sind nicht bunt gefärbt und somit für Ostern ohne Bedeutung. Fleisch ist bei Veganern und bei sämtlichen Vegetariern verpönt. Das ist gut für den Hasen . . .
Am fünfzigsten Tag der Osterzeit, also neunundvierzig Tage nach Ostersonntag, feiert das christliche Abend-

land das Pfingstfest und damit die Ausgießung des Heiligen Geistes. Pfingsten leitet sich aus dem Griechischen ab und bedeutet ‚fünfzigster Tag' – wie schon gesagt. Spätestens zu diesem Zeitpunkt sollten die letzten verschollenen Ostereier gefunden worden sein. Der Hase wird abgelöst vom Pfingstochsen, der bunt geschmückt in südlichen Regionen durch das Dorf getrieben wird und damit den Außendienst des Milchviehs einläutet, denn zu seinem bunten Kopfputz gehört auch die obligatorische Kuhglocke. Bis zum 19. Jahrhundert wurde er nach der Prozession geschlachtet und verspeist – wieder nichts für Veganer und Vegetarier.

Da der Pfingstochse in nördlichen Breiten noch nie vorgekommen ist und in südlichen Gegenden auch immer seltener wird, und da man den Heiligen Geist leider nicht sehen kann, fällt Pfingsten eigentlich nur durch die Staus auf den Autobahnen auf, wenn sich die Nation zum Kurzurlaub hin und her bewegt.

Dann kommt monatelang nichts. Das ist einerseits traurig, andererseits erhöht es die Vorfreude auf **das** christliche Fest des Jahres schlechthin – Weihnachten!

Es beginnt schon vor dem ersten Advent mit einer wahren Illuminationsorgie in den Fenstern und Vorgärten, steigert sich mit der Eröffnung der Weihnachtsmärkte, begleitet vom Kauf des Tannenbaums und endet mit dem Heiligen Abend und dem ersten Weihnachtstag, wenn die ganze Familie, je nach Region, auf den Weihnachtsmann oder – seltener – auf das Christkind wartet.

Am zweiten Weihnachtstag senkt sich die Erregungskurve bereits wieder stark, denn dieser Tag ist den gegenseitigen Verwandtschaftsbesuchen vorbehalten, und was *das* bedeutet, weiß man ja aus langjähriger, schmerzlicher Erfahrung.
Sagte ich, es endet? Falsch!
Weihnachten – so scheint mir – endet nie!
Während ich an einem Abend weit nach der Wintersonnenwende am Fenster stehe, mich emotional gegen das bevorstehende närrische Treiben zur Karnevalszeit wappne und in Vorfreude auf den Frühling und das Osterfest mit Rumeiern schwelge, erblicke ich gegenüber in mindestens fünf Fenstern immer noch LED-Ketten und zwei Herrnhuter Sterne, die unbeeindruckt vom lange verstrichenen Drei-Königs-Fest vor sich hin leuchten. Auf vier Balkonen blinken zwischen sich bräunlich verfärbenden Tannenzweigen bunte Kerzengirlanden für den Außenbereich, und in einigen Kaufhäusern entdeckt man bei genauerer Recherche ebenfalls blinkende Lichterscheinungen, die den Verdacht nahe legen, dass die Geschäftsleitung wegen des anhaltenden Umsatzrückgangs die Dekorationsabteilung eingespart hat. Schließlich – und dagegen gibt es einfach kein zündendes Argument – kommt ja Weihnachten immer wieder.
Sind da jetzt Fundamental-Christen am Werk? Das bezweifle ich. Die Geburt Jesu Christi ist in den Hintergrund gerückt. Der Enkel meines Freundes überraschte

seine Großeltern in der Adventszeit mit der Ankündigung, Weihnachten würden die Menschen den Geburtstag vom Sandkloß feiern. Die Nachforschungen meines irritierten Freundes ergaben, dass die Gruppenleiterin in der Kita seines Enkels, eine junge Engländerin, die wegen des Brexit in Deutschland um Asyl gebeten hat, den Kindern von Santa Claus erzählt hatte. Hohoho!
Wir müssen allerdings aufpassen, dass sich die christlichen Feiertage nicht allmählich selbst überholen. Im letzten Advent wollte ich zum Nikolausfest für unseren Enkel eine Schokoladen-Hohlfigur im dementsprechenden Folien-Outfit kaufen und stand plötzlich vor einem Regal mit lilafarbenen Osterhasen. Nun ja, das verwunderte mich ehrlich gesagt nicht wirklich, waren mir doch kurz nach dem letzten Pfingstfest die ersten Dominosteine begegnet. Aber wie sich herausstellte, hatte die Filialleitung aus Personaleinsparungsgründen nur einfach noch keine Gelegenheit gehabt, die letzten Süßigkeiten von Ostern auszuräumen. Das Verfallsdatum ist auch nicht mehr das, was es mal war . . .

Ralfi

„Ich komme mit Ralfi nicht mehr klar."
„Wer ist Ralfi?"
„Mein Gott, das habe ich dir doch schon hundert Mal gesagt. Ralfi ist mein Frisör."
„Was ist denn mit dem?"
„Guck mich doch mal an!!"
Er guckt sie an.
„Und?!"
„Was meinst du denn?"
„Ja, guck doch mal. Hier hinten!!" Sie fährt mit ihrer rechten Hand berührungslos über ihren Hinterkopf.
„Na und?"
„Ja, siehst du das denn nicht? Hinten hat er mir viel zu viel stehen lassen, und vorne" – sie bewegt ihre abgewinkelten und nach innen gedrehten Hände tidehubartig in Wangenhöhe auf und ab – „ist es viel zu kurz."
„Hast du denn nicht gesagt, wie du es haben willst?"
„Doch, natürlich, aber er versteht mich nicht."
„Aber es sieht doch gut aus!!"
Sie grinst ihn an.
„Das sagst du jedes Mal. Aber guck doch mal hinten!"
„Das sieht doch aus wie immer – alles ist gut!"
„Ja, aber vorne, da sind sie viel zu kurz!"
„Die Haare wachsen doch wieder. Du musst Ralfi beim nächsten Mal **genau** sagen, wie du sie haben willst und wie er die Haare schneiden soll."

Vier Wochen später.

„Wie gefall' ich dir?
„Gut! Was hat Ralfi denn gesagt?"
„Was soll er gesagt haben?! Er hat jetzt hinten mehr weggenommen und an den Seiten mehr stehenlassen."
„Na, ist doch toll!"
„Er kann aber nicht föhnen. Guck doch bloß mal, wie ich aussehe."
Sie wendet vor dem Spiegel ihren Kopf hin und her.
„Ich muss da erst mal selbst mit dem Kamm durchgehen und noch mal nachföhnen."
Sie kämmt und föhnt.
„Jetzt besser?"
„Vorher fand ich es auch schon gut – aber jetzt ist es tatsächlich besser."
„Das sagst du immer! Da brauch' ich dich eigentlich gar nicht zu fragen."

Eine Woche später.

„Irgendwie *kann* er das nicht!"
„Wer kann was nicht?"
„Ralfi!! Ich komm' mit dieser Frisur *einfach nicht* klar! Guck doch mal!"
Er guckt.
„Das sieht doch gut aus. Ich finde, das hat – "
„Ach hör doch auf. Das ist doch hier vorne viel zu lang.

Er sollte doch hier mehr wegnehmen. Und hinten – guck doch bloß mal hinten."
Er guckt hinten.
„Hinten ist es jetzt kürzer. Das wolltest du doch so, oder nicht? Das sieht toll aus."
„Das sieht doch nicht *toll* aus! Er sollte hinten mehr abstufen. Das ist zu rund. Und an den Seiten wollte ich das schräger haben – so!"
Sie bewegt ihre abgewinkelten und nach innen gedrehten Hände sägeartig hin und her.
„Schräg???"
„Ja, *so*!!"
„Also ich finde, das hat er diesmal richtig gut gemacht. Hinten ist es jetzt kürzer und vorne länger!!"
„Ja, aber es liegt vorne nicht, das sieht man doch!!"
„Ich seh' nix!"
Sie grinst ihn an.
„Du hast wirklich überhaupt keine Ahnung!"

Drei Wochen später.

„Ich habe mir bei Ralfi einen Termin geholt. Ich muss unbedingt vor unserem Treffen mit Söllis zum Frisör."
„Soll ich dir eine Skizze machen, damit Ralfi weiß, wie du es diesmal haben willst?"
„Nein, nein, das erklär' ich ihm schon. Hinten ein bisschen mehr abgestuft und an den Seiten nicht so kurz."
„Und schräg!"

„Ja, aber nicht zu sehr – das soll mehr nach vorne *fallen*.
Sie malt mit ihren Händen Halbkreise in die Luft.

Eine Stunde später.

„Wie seh' ich aus?"
„*Gut* siehst du aus! Du siehst *immer* gut aus! Vorne fällt das jetzt auch viel runder."
„Was du immer erzählst! Lass' mich jetzt erst mal selbst durchkämmen und nachföhnen, dann sieht das gleich ganz anders aus."
Sie kämmt durch und föhnt nach.
„Na?!"
„Besser! Viiiel besser!"
Sie lacht und knufft ihn in die Seite.
„Hör doch auf! Das sagst du doch nur so. *Deine* Frisur möchte ich haben!"
Sie streicht ihm durch seinen Neun-Millimeter-Schnitt.
Er nimmt sie in den Arm.
„Ich liebe dich!"
„Ich liebe dich auch – aber von Frisuren verstehst du nichts."

„Warum wechselt deine Frau nicht ihren Frisör?" frage ich meinen Freund und beiße in meinen Döner.
„Baff habe ich fie auch gefragt", antwortet er mir mit vollem Mund.
„Und, was hat sie gesagt?" will ich wissen.

Er kaut und schluckt.
„Sie hat mir gesagt, ich wäre wohl nicht ganz bei Trost. Ralfi würde ihr Haar seit Jahren kennen. Was solle denn dabei wohl herauskommen, wenn sie jetzt zu einem wildfremden Frisör gehen würde."
Mehmet bringt uns die lauwarme Cola und grinst uns verständnisvoll an.
„Hat deine Frau Stress mit Frisur?? Hatsie Stress mit Frisör? Weistu, was meine Frau macht, wenn sie mit Frisur Stress hat?? Sie sagt: Mehmet, meine Frisur is kötü*, ich ziehe Kopftuch an. – Ich sage: Was?? Frau, ich will nicht, dass du Kopftuch trägst!!
Und sie sagt: Wenn du nicht sehen willst – kuck weg! Is Pragmatismus, Alter, ischwör!!"

(*) *schlecht*

*„Frauen sind da, um geliebt,
nicht um verstanden zu werden."*

Oscar Wilde

Wühltisch drei (*)

Es-Es-Vau und We-Es-Vau –
pünktlich wie die Sonnenwende
kamen sie, doch heutzutage –
Sale, Sale ohne Ende.

Preise purzeln, Preise fallen,
Rabatte selbst für Luxusgüter.
Alles findet einen Käufer,
selbst die alten Ladenhüter.

„Geiz ist geil" heißt die Devise,
und so geht es in die Vollen!
Lasset uns die Lager räumen,
denn der Rubel, der muss rollen.

Von Januar bis zum Dezember
kannst von Hinz zu Kunz du laufen.
Wir sparen uns beim Sparen arm –
und wir kaufen, kaufen, kaufen . . .

Wir Kunden stürzen in den Kampf
und schubsen uns wie Sumo-Ringer,
und wer das beste Schnäppchen macht,
zeigt anderen den Mittelfinger.

(*) *siehe „Wühltisch" im Buch* **„nee – echt jetzt ?!"**
und „Wühltisch zwo" im Buch **„nützt ja nix"**

„Heiterkeit ist ohne Ernst nicht zu begreifen."

Loriot

Kumpel Anton

Kumpel Anton ist tot. Er war eine Kunstfigur, aber trotzdem. Ich bin traurig. Es geht mir nahe – sehr nahe. Die letzte Zeche, der letzte Schacht, die letzte Grube, der letzte Pütt im Ruhrgebiet wurde geschlossen – nach rund zweihundert Jahren Ruhrbergbau.
Ich bin mit der Kohle im „Ruhrpott" groß geworden. Mein kleiner Onkel Heinz war Püttmann, mein Vater sollte einer werden, hat sich aber geweigert mit dem Argument, *er* würde *keine* Kohle von da unten hochholen – er hätte sie ja auch nicht da runtergebracht.
Tausende von Eckkneipen gab es im Ruhrgebiet. Einige davon habe ich mit Freunden als junger Erwachsener häufig selbst besucht und mich von der Philosophie der Kumpel am Tresen begeistern lassen.
Am Zapfhahn standen Maik und seine Frau Edelgard. Die drei Kumpel Jupp und Kalle und Emil hockten an der Theke. Die Tür ging auf und ließ für Sekunden frische Luft in den völlig verqualmten Raum. Mit ihr kam Anton.
„Tach! Komm, mach mich ma schnell'en lecker Pils."
„Mir!!"
„Wie, *mir*?! Willze etwa auch einz? Ich wusst ja ga nich, Edelgaat, dattu auch ein mittrinken willz."
„Ich will kein mittrinken, Anton, abba datt heißt nich *mich*, datt heißt *mir*. Komm, mach *mir* ma en lecker Pils."

„Watt?? *Ich* soll jezz *dich* en lecker Pils machen?? Jezz mach mich abba nich varrückt, Edelgaat. *Du* biss doch hier die Wirtsfrau, nich ich! Mach dich doch selbs ein!"
Nun schaltete sich Jupp ein:
„N'Aaamt Anton! Jezz halt die Klappe un iss dich en Solei! Hasse schon gehört von Hännes?"
„Nää, watt is denn mit den?"
„Hännes hat in'n Sack gehaun!"
„Watt?? Dä is doch schon zich Jahre auf ‚Helene'. Der haut in'n Sack?? Warum datt denn?"
Kalle drehte sich zu den beiden um:
„Nää, dä is nich auf Zeche Helene, dä is auf Schacht Haniel, un dä haut auch nich in'n Sack, dä geht nach Schacht Zollva-ein. Dä wird da Steiger!"
Emil nahm einen Schluck und wischte sich den Schaum von der Oberlippe:
„Watt, Hännes wird Steiger? Ja leck mich doch anne Fott! Dä kann doch kein Steiger wärn, dä Flachmann. Dä kann ja nonnimma sein Naam schreibn, dä Hännes. Edelgaat, gipp mich ma ne Frikadelle, abba mit viiiel Semf, wegen die Salmonellen!"
„Datt heißt *mir*! Un meine Frikadelln hamm keine Salmonelln, kannze selbs kucken!" Edelgard beugte sich mit ihrem Oberkörper grinsend über den Tresen und gewährte Emil, Jupp, Kalle und Anton einen Blick in ihr üppiges Dekolleté.
„Sieße da irgentwatt von Salmonelln??"
„Gottsvadammich, hass du'n Glück, Maik!! Son'n paar

lecker Frikadellekes sieße abba selten, wa, Anton?!!"
Kalle war vor Begeisterung weg wie Schmitts Katze.
„Ja", bekräftigte Anton, „da hat der Maik sein Spässken dran, wa, Maik??"
„Nä, da brauchse auch kein Semf bei", bemerkte Emil anerkennend, „die sind schon schaaf genuch!"
„Willze'n Kurzen zum Pils?!" fragte jetzt Maik, der Wirt, um die Kumpel vom Dekolleté seiner Frau abzulenken und hielt Emil die Flasche Doornkaat hin.
„Nää, dä Emil brauch kein, dä hat selber ein", feixte Kalle und schlug sich auf die Oberschenkel, „abba mich kannze ein einschütten, Maik!"
„Mir!!"
„Nää, Edelgaat, du kriss kein!!" entschied Maik rigoros und schenkte Emil und Kalle ein Pinneken ein.
„Hömma, dich fehlt gleich'n Ohr, datt merkse abba ers beim Waschen!" pflaumte Emil jetzt den Kalle an und schubste ihn vom Hocker. „Von wegen, ich happ'en Kurzen . . ."
„Meinze jezz Hännes Kowalski?" fragte Anton.
„Nää, ich mein Hännes Dawidowski. Hännes Kowalski is doch auf ‚Amalie'. Elektriker!"
„Wollter noch ein?" fragte Edelgard.
„Jau ey, mach ma! Jupp, gipp ma ne Kippe!"
„Hörtma, happter schon gehört? Lissbett kommt!" ließ sich Jupp vernehmen.
„Wer is datt denn? Watt fürne Lissbett?"
„Die Kwien, Mensch! Lissbett aus England! Mit ihr'n

Filipp! Ihr'n Prinzgemahl!"
„Kommt die denn auch nach Essen?" wollte Edelgard wissen, „ich wollt imma schomma ne Königin sehn."
„Nää", meinte Maik, „die is in Berlin un in Köln un in Bonn und is bestimmt bei unsern Heinrich Lüpke zum Essen eingeladn."
„Watt meinze wohl, waddet da zu futtern gippt?" fragte Anton.
„Vielleicht Frikadelln!" schlug Emil vor.
„Hahaha!! Abba bestimmt nich so leckere wie bei unser Edelgaat, wa, Edelgaat??"
Edelgard zwinkerte lachend mit ihrem linken Auge und wischte über den Tresen.
„Lass gut sein, du willz ja blooß nomma kucken!!"
„Sach ma, Jupp, wen wählze eigentlich im September?" wollte Anton jetzt wissen.
„Da fraachse mich watt, Anton. Ich happ ja imma die Sozis gewählt, abba ich glaup, ich glaup, ich wähl jezz ma die Schwatten. Der Dicke gefällt mich ganz gut."
„Mir!!" korrigierte Edelgard.
„Watt, dich auch?!" staunte Jupp.
„Du willz die **Schwatten** wähln?" entrüstete sich Maik.
„Bisse noch bei Trost? Dein Vatter würd sich im Graab umdrehn, wenner datt hören tät!!!"
„Apropo ‚schwatt'! Happter schon gehört? Heinis Frau is wech! Die Monika mit die schwatten Haare un die schaafe Figur – die hatten Kröösken mit sein Nachbaan", wusste Emil zu berichten.

„Woher weiße datt?"
„Hat Heini mich selbs erzählt!"
„**Mir**!! Datt heißt **mir**, vadammt!" polterte Edelgard.
„Un warum?" fragte Jupp.
„Die schwatte Monika sacht, dä Heini hätt nur den Fußball im Kopp. Ihr würder gaa nich mehr ankucken."
„Nää, ährlich? Un watt sacht Heini dazu?" wollte Kalle nun wissen.
„Dä wollt sich ja ers umbringen, abba dann fiel ihn ein, datter ja schon ne Eintrittskaate für auf Schalke hat, un die wollder nich vafallen lassen. Gegen Ha-Es-Vau!"
„Jaja", ließ sich Anton vernehmen, „Weiber sind wie Schlachwetter! Explosives Gemisch, machen dich die Brust eng, un dann reicht'n Funke – un Baff!!"
„Mannomann, woher hasse dattenn?"
„Übrigens – wo du graade Funke sachs: Dä Freddy auf Zeche Carl Funke is auf Rente!" warf jetzt Maik ein.
„Watt?? Wieso dattenn?"
„Staublunge! Der Werksaazt hatten kaputt geschriem. Mit gut fuffzich!"
„Leck mich inne Täsch! Der sah abba auch zulezzt aus wien alten Mann."
„Jau ey, wenn Freddy moogens un aams gehustet hat, konnze mit die Brocken, die da rauskaam, den ganzen Tach die Bude heizen. Gipp ma noch'n Kurzen, Maik."
„Nää, macht ma Schluss jezz, Jungs, ich will im Bett!! Maik is auch müde, watt, Maik?" protestierte Edelgard.
„Jau, so sieder auch aus", gluckste Emil.

„Na meinzwegen", bestätigte Jupp, „ich muss auch früh ausem Bett – Frühschicht."
„Pass gut auffe Frikadellekes von Edelgaat auf, Maik, datta keine Salmonelln drankomm. Un happtma nochen bissken Spässken", empfahl Kalle, „sonz gehtse dich auch vonne Fahne – wie die schwatte Monika. Leben is kurz, Leute, wa!?"
Jupp, Kalle, Emil und Anton tranken aus, rutschten von ihren Hockern, wankten zur Tür und winkten den beiden Wirtleuten zum Abschied zu.
„Schreibt ma alles aufen Deckel, wir zahln dann später. Tschüsskes – un bis die Tage!"

Vorbei, vorbei! Der Ruhrpott ohne Kohle! Der Kohlenpott ohne Kumpel. Es geht mir nahe – sehr, sehr nahe!!

Anne Willnich

Anne Willnich: Guten Abend, liebe Zuschauerinnen und Zuschauer, ich begrüße Sie zu meiner Sendung. Die Wissenschaft hat herausgefunden, dass Bienen numerische Fähigkeiten haben und mathematische Aufgaben lösen können. Angesichts des bundesweiten Lehrermangels stellt sich die Frage: ‚Sind Bienen die neuen Quereinsteiger?' Zu diesem Thema habe ich eingeladen: Herrn Doktor Wilhelm Stecher, Staatssekretär im Bildungsministerium, Frau Monika Waabe vom Deutschen Imkerverband, Frau Doktor Erika Wiesenrain-Querbeet, Referatsleiterin im Bundesumweltministerium und Manfred Harz, der als Quereinsteiger an einer Grundschule arbeitet. Herr Doktor Stecher, sind Bienen die neuen Quereinsteiger?

Dr. Stecher: Zunächst einmal möchte ich Folgendes klarstellen: Ich habe vor diesem Abend wochenlang in allen – ich betone in **allen** – Bundesländern recherchiert und bin dabei in keinem – ich betone in **keinem** – Klassenzimmer auf auch nur **eine einzige** quereingestiegene Drohne gestoßen. Somit verbietet sich eigentlich die Frage dieser Sendung und ich –

*Dr. Wiesenrain-Querbeet: Also diese chauvinistische Sichtweise ist doch mal wieder typisch! Wenn sich der Herr Stecher nur einen **kleinen** Moment mit dem Thema der Sendung beschäftigt hätte, wüsste er, dass hier von Bienen die Rede ist, von **Bie – nen**, Doktor Stecher, und* *nicht von Drohnen. Jeder, der einen Funken Verstand besitzt, weiß, dass Drohnen nicht bis zwei zählen können. Das einzige, was sie können, ist das Begatten der Königin. Die Drohne ist der Biene Stecher, Herr Doktor Stecher!*

<u>Dr. Stecher</u>: Also ich muss doch sehr bitten, Frau Doktor Wiesenbeet-Querrain! In meinem ganzen Leben habe ich noch nie – ich betone **nie** – eine Biene gestochen. Das kann ich mir in meiner Position gar nicht erlauben.

<u>Anne Willnich</u>: Frau Waabe, ich greife die Aussage von Frau Doktor Wiesenrain-Querbeet mal auf und frage Sie: Sind Drohnen als Quereinsteiger an deutschen Schulen ungeeignet? Nur weil sie nicht bis zwei zählen können?

<u>Monika Waabe</u>: Das muss ich leider bestätigen. Man unterscheidet bei der Honigbiene drei Morphen: Die Königin, die Arbeiterin und die Drohne. Die männliche Drohne muss gar nicht bis zwei zählen, weil sie die Königin ja auch nur **einmal** während des Hochzeitsflugs begatten kann. Dann bricht nämlich der Penis ab und sie stirbt. Und -

<u>Dr. Stecher</u>: Oh Gott – ich betone **oh**.

<u>Monika Waabe</u>: - stechen kann sie auch nicht, Frau Doktor Wiesenrain-Querbeet, weil sie kei-

nen Stachel hat. Da muss ich Ihnen ganz eindeutig widersprechen.
Anne Willnich: Herr Harz, sie sind als Quereinsteiger in einer Grundschule tätig. Was haben Sie denn vorher gemacht?
Manfred Harz: Ich war jahrelang im Personennahverkehr beschäftigt.
Anne Willnich: Könnten Sie uns das näher erläutern? Was hat Sie denn befähigt, als Lehrer an einer Grundschule zu arbeiten?
Manfred Harz: Ich war Schaffner bei der Achterbahn. Das war eine ziemlich verantwortungsvolle Tätigkeit. Ich musste streng darauf achten, dass in jeden Wagen nur *vier* Personen einsteigen. Das hat mich dann auch qualifiziert, als Mathematiklehrer an einer Grundschule zu arbeiten. Ich kann bis vier zählen. Deshalb nennen mich meine verbeamteten Kollegen auch spaßeshalber Harz vier.
*Dr. Wiesenrain-Querbeet: Und Kolleg**innen**, Herr Harz. Soviel Zeit muss sein!*
Anne Willnich: Für die Hauptschule hätte es nicht gereicht, Herr Harz?
Manfred Harz: Nein, die Auswahlverfahren sind da schon ganz streng. Da muss man bis sechs zählen können. Mein Kollege, der als Schaffner bei der Geisterbahn *sechs* Leute in die Wagen lassen durfte,

ist jetzt auf einer Hauptschule als Mathematiklehrer angestellt.

Dr. Stecher: Ich bleibe bei meiner Aussage, dass es in keiner – ich betone **keiner** – Schule eine Drohne als Querbeet, pardon, Quereinsteiger gibt und auch niemals – ich betone **niemals** – geben wird.

*Dr. Wiesenrain-Querbeet: Darum geht es doch hier gar nicht. Es geht, um es noch einmal in aller Deutlichkeit zu sagen, um die Honig**biene**, lateinisch apis mellifera, die laut einer wissenschaftlichen Studie in der Lage ist, komplexe arithmetische Zusammenhänge wie Addieren und Subtrahieren zu erlernen und – hören Sie gut zu, Doktor Stecher – bis **drei** zählen kann, was man ja von einigen Mitarbeitern Ihres Ministeriums nicht unbedingt zu behaupten wagt.*

Anne Willnich: Frau Doktor Wiesenrain-Querbeet, ist die Honigbiene aus Ihrer Sicht denn nun dazu geeignet, als Quereinsteigerin in Grundschulen Mathematikunterricht zu erteilen?

Dr. Wiesenrain-Querbeet: Ich esse Honig sehr gerne. Es gibt bei mir kein Frühstück ohne Honig.

Anne Willnich: Das beantwortet aber nicht meine Frage nach der Eignung der Biene als Quereinsteigerin. Frau Doktor Querrain-Wiesenbeet, ich frage Sie nochmal –

Dr. Wiesenrain-Querbeet: Wiesenrain-Querbeet, bitte!!

Anne Willnich: – Entschuldigung! Wie sehen Sie denn die Chancen für die Biene, Mathematikunterricht zu erteilen, Frau Doktor Wiesenbeet-Querrain – äh, Wiesenrain! Querbeet!?

Dr. Wiesenrain-Querbeet: Ich will ganz offen zu Ihnen sein! Am liebsten – und da mache gar kein Hehl daraus – esse ich Lindenblütenhonig.
Anne Willnich: Sie beantworten meine Frage nicht. Ich hake also noch einmal nach: Ist die Biene als Quereinsteigerin für den Mathematikunterricht geeignet?
Dr. Wiesenrain-Querbeet: Rapshonig mag ich auch, der ist auch in Ordnung. Waldhonig allerdings esse ich nicht. Da sage ich mit aller Entschiedenheit nein.
Anne Willnich: Wie positioniert sich denn in dieser Frage der Deutsche Imkerverband?
Monika Waabe:
Der Imkerverband lehnt einen Einsatz der Biene als Quereinsteiger in Grundschulen strikt ab. Dieser Plan der Bildungssenatorin ist unausgewogen und verträgt sich in keiner Weise mit den simpelsten Grundzügen des Naturschutzgedankens. Man stelle sich das vor: Ein so kleines Tier in einer Klasse mit zwanzig, dreißig Schülerinnen und Schülern, womöglich noch in einer Schule in einem Problemkiez – ganz **un-vor-stell-bar**!!
Anne Willnich: Ja, bitte, Herr Doktor Stecher –
Dr. Stecher: Bevor ich mich zu den Ausführungen von Frau Wiesenbrett äußere, möchte ich noch einmal auf die Schilderung von Frau Waabe zurückkommen:

Die Drohne verliert *tatsächlich* ihren Penis? Das ist ja furchtbar! Muss das denn sein?? Das tut doch weh!! Und was die von Ihnen bekundete Liebe für das Produkt der Honigbiene angeht, Frau Doktor Querbrett: Ja, auch ich bin uneingeschränkt bi –

Dr. Wiesenrain-Querbeet: Mein Name ist Wiesenrain-Querbeet, Doktor Stecher, und Ihre sexuelle Ausrichtung gehört doch nun wirklich nicht hierher!!!

Dr. Stecher: Also bitte, Sie sollten mich schon ausreden lassen, verehrte Kollegin. Ich wollte sagen, dass auch ich uneingeschränkt – und ich betone **uneingeschränkt** – bienenproduktfreundlich eingestellt bin. Mein Lieblingshonig ist allerdings der Thymianhonig aus Italien, aber man sollte doch bitte sehr die Kirche im Dorf respektive die Drohne im Korb lassen.

Manfred Harz: Wenn ich Sie mal was fragen dürfte, Frau Waabe. Warum heißt der Bienenmann „die"? Ich kenn' eigentlich bei Männern nur „der": Der Stier, der Rüde, der Hammel, der Hengst, der Rammler –

*Dr. Wiesenrain-Querbeet: **Rammler!!** Also bitte, das gehört doch nun wirklich nicht hierher. Das ist doch auch völlig irrelevant – geradezu obsolet, wenn Sie gestatten. Zwei plus zwei ist immer noch vier, und die Biene kann eben nur bis drei zählen.*

Dr. Stecher: Höre ich da in Ihren Worten einen gewissen Penisneid, Frau Kollegin? Und wenn wir –

Dr. Wiesenrain-Querbeet: An solchen kleinteiligen Spekulationen beteilige ich mich nicht, Herr Stecher!

Dr. Stecher: Lassen Sie mich bitte ausreden, ich habe Sie vorhin auch nicht unterbrochen. Ich sagte – wenn wir schon bei der Arithmetik sind: Die Drohnen zählen bis eins und die Bienen zählen bis drei. Nach Adam Riese ergibt eins plus drei ebenfalls vier. Lassen wir doch Drohne und Biene gemeinsam unterrichten. Dagegen hätte mein Ministerium nichts – und ich betone **nichts** – einzuwenden. Aber lassen Sie mich noch hinzufügen: Rosmarinhonig ist auch sehr lecker.

Anne Willnich: Frau Doktor Wiesenbrett . . Querbrett-

Dr. Wiesenrain-Querbett: WiesenRAIN-QuerBEET!!!

Anne Willnich: Entschuldigung – Frau Doktor Wiesenrain-Querbeet, ich möchte Sie nicht gehen lassen **ohne** Ihre Meinung zu unserer Frage: Ist die Honigbiene als Quereinsteigerin geeignet oder nicht?

Dr. Stecher: Sie haben es doch gehört, Frau Willnich: Sie will nich! Sie werden vom Umweltministerium dazu keine – ich betone **keine** – klare Stellungnahme erhalten!

*Dr. Wiesenrain-Querbeet: Dazu, Herr Doktor Stecher, steht **nichts** im Koalitionsvertrag, und das wissen Sie auch genau!!*

Anne Willnich: Unsere Zeit ist leider um. Nina Attila, was erwartet uns denn gleich in den Tagesthemen?

Nina Attila: Hallo, Anne. In Nordrhein-Westfalen haben die ersten Drohnen als Quereinsteiger ihren Dienst angetreten. Die Lehrergewerkschaft GEW erklärt dazu, dass sie in den Fächern „Sexualkunde" und „Biologie" eingesetzt werden, da sie für den Mathematikunterricht nicht qualifiziert sind. Diese Nachricht und andere gleich hier bei uns in den Tagesthemen aus Hamburg.

<u>Anne Willnich</u>: Danke, Nina, und danke auch an meine Gäste und die Zuschauer. Wir sehen uns in einer Woche wieder, dann mit dem Thema ‚Brauchen wir für unsere Politikerinnen und Politiker künstliche Intelligenz?' Auf Wiedersehen.

Talkshow

Let's talk about . . . . die Politik,
das ist ein weit' Gefilde!
Man fragt sie/ihn! – mit viel Geschick
antwortet er/sie! Du hast Glück
und bist alsbald im Bilde.

Let's talk about . . . . die Theorie:
So hätte man es gerne!
Man fragt sie/ihn! Er oder sie
sagt ‚ja', sagt ‚nein' und schwafelt nie,
doch das liegt ihm/ihr ferne . . .

Let's talk about . . . . die Wirklichkeit:
In blumiger Staffage,
stets um den Brei und lang und breit
und nie konkret, stets hohl und weit
reden sie sich in Rage.

Let's talk about . . . . der Talkshow Sinn
und Zweck. Was soll sie bringen?
Worin liegt unser Lustgewinn?
Hör'n wir überhaupt noch hin?
Lasst uns ein Liedchen singen . . .

Wie das Fähnchen auf dem Turme
drehet sich bei Wind und Sturme . . .

„Es ist unmöglich, witzig zu sein ohne ein bisschen Bosheit.
Die Bosheit eines guten Witzes ist der Widerhaken, der ihn haften lässt."

Richard Brinsley Sheridan

Rasputin

„Rasputin. Rasputiiin. Komm bei Frauchen. Na komm, Rasputin – Rasputiiin!" hörte er es weit hinter sich flöten. Er drehte sich irritiert um und sah eine deutsche Dogge auf sich zu sprinten – oder war es eine belgische? Oder eine dänische? Er kannte sich da nicht so aus mit den Unterschieden der Rassen. Aber das war in diesem Moment – er musste es sich unumwunden eingestehen – sein kleinstes Problem, denn der deutsche oder belgische oder dänische Rasputin setzte zum Endspurt an, sprang an ihm hoch und stemmte dabei seine Vorderpranken gegen seine Schultern.
Diese Begegnung auf Augenhöhe machte ihm schmerzlich klar, was es bedeutet, wenn neunzig Kilogramm Lebendgewicht mit einer Geschwindigkeit von zirka vierzig Kilometern in der Stunde auf einen stehenden Körper prallen. Die bei Psychologen beliebte Frage, was das mit einem macht, ist schnell beantwortet:
Die dabei freiwerdenden fünfeinhalb Tonnen hauen einen um. Der stehende Körper – nämlich seiner – gab der Aufprallwucht Rasputins spontan nach und wechselte seine geometrische Lagebezeichnung von vertikal in horizontal. Der Augenkontakt zu Rasputin blieb dabei erhalten, denn die Dogge blickte ihn mit kehligen Lauten, die ihn an den Film „Jurassic Park" erinnerten, unvermindert fest an, während sie ihn mit den Pranken und ihren neunzig Kilo auf den Parkweg nagelten.

Über dem gewaltigen Hundeschädel strahlte ein blauer, wolkenloser Himmel. Er befürchtete ernsthaft, das Firmament zum letzten Mal in seinem Leben zu erblicken. Und war das, was er da schlagen hörte, sein letztes Stündlein? Oder sein Panikherz? Nein, es war Rasputins Schwanz, der rhythmisch gegen sein angewinkeltes linkes Bein schlug.
Er kämpfte seine Panikattacke nieder, so gut es eben ging. Was hatte er kürzlich noch beim Seminar für angewandtes Krisenmanagement gelernt?
Problembewältigung erfolgt durch Reden!! Richtig, man muss miteinander reden. Mit Untergebenen, mit Kollegen und mit Vorgesetzten. Reden deeskaliert.
Dummerweise konnte er sich nicht daran erinnern, ob als Gesprächspartner auch ausgehungerte Doggen – deutsche, belgische oder dänische – erwähnt worden waren. Wohl eher nicht.
Aber einen Versuch war es wert. Nur – worüber redet man mit einer Dogge? Übers Wetter?? Über Politik???
Oder sollte er es zuerst einmal mit einem vorsichtigen „Pfui" versuchen – sozusagen als Abschreckung?
„Pfui!" – **„Pfui!!"** – **„PFUI!!!"**
Das Grollen über ihm wurde lauter, rollender. Rasputin verlagerte seine Vorderpfoten von den Schultern auf den Brustkorb, was die flatternde Atmung schlagartig erschwerte. Nein, mit „Pfui" kam er dem Problem wohl nicht bei. Reden – du musst mit dem Tier **reden**, beschwor er sich. **Kri-sen-be-wäl-ti-gung**!!!

Er versuchte zu analysieren: Die Dogge – deutsch, belgisch oder dänisch – könnte man, politisch betrachtet, ja durchaus auch als Europäer bezeichnen. Vielleicht wäre das ein Ansatz.

„In Bälde findet die nächste Europawahl statt!" keuchte er, ob des Gewichts auf seiner Brust etwas mühsam. Verwundert fragte er sich, wie er auf die Formulierung ‚in Bälde' gekommen war. So poetisch drückte er sich doch sonst nicht aus. Machte das die Todesangst? Wird einem angesichts des nahen Endes lyrisch zumute?

„Ich wollte eigentlich auch zur Wahl gehen, wenn du mich lassen würdest."

Rasputin machte keine Anstalten, dem Gesuch nachzukommen. Ob er den Hund vielleicht mit einer politischen Richtungsäußerung gewogener stimmen könnte? Aber mit welcher? Seine persönliche Präferenz wollte er dem Hund eigentlich nicht auf die Schnauze binden. Am besten wäre es wohl, wenn er es liberal anginge – also eher wertneutral.

„Ich tendiere im Moment ja zur Fraktion der Allianz der Liberalen und Demokraten für Europa."

Rasputin knurrte vernehmlich. Entweder war ihm der Begriff zu umständlich oder die Liberalen entsprachen nicht seiner politischen Einstellung.

„Naja, vielleicht aber auch zur Fraktion der Europäischen Volkspartei – obwohl – Orban und Kaczynski –"

Rasputins Grollen erinnerte allmählich an T-Rex. Also, die politisch Konservativen kamen wohl auch nicht infrage. Da brauchte er es mit den rechten Populisten der ENF vom Europa der Nationen und der Freiheit erst gar nicht zu versuchen.

„Oder doch lieber die Fraktion der Grünen? Aber wenn ich an die fleischlose Ideologie denke . . ."

Jetzt hob Rasputin sein mächtiges Haupt und bellte laut. Was heißt bellen – das Geräusch klang in seinen Ohren eher wie Dampfhammerschläge. Fleischlos sagte ihm wohl nicht so sehr zu.

„Unterhalten Sie sich mit dem Hund?"

Er wendete seinen Kopf nach links und erblickte einen älteren Herrn in beige-braunem Anzug, der neben ihm stehen geblieben war.

„Worüber reden Sie denn mit ihm?"

„Ich bin dabei, zu versuchen, die Dogge davon abzuhalten, mir die Kehle durchzubeißen – Krisenbewältigung, verstehen Sie?"

„Klappt das denn?"

Der ältere Herr beugte sich herunter und blickte ihn mit einem zweifelnden Blick an.

„Bis jetzt ja. Ich rede mit ihr über Politik."

„Politik ist ein weites Feld. Über was denn speziell?"

„Europawahl! Wen man da so wählen könnte."

„Und das interessiert den Hund? Was haben Sie ihm denn vorgeschlagen?"

„Na ja, die Liberalen, die Konservativen, die Grünen – die Populisten und Rechtsextremen habe ich weggelassen. Bei den Grünen hat er gebellt."

„Also wirklich, mein Lieber, bei den Grünen hätte ich auch gebellt. Warum haben Sie ihm denn nicht die Fraktion der Sozialdemokraten vorgeschlagen?"
„Weil **ich** die **wählen** will!"
„Ja und? Wenn Sie sich schon mit dem Hund unterhalten, sollten Sie auch bei der Wahrheit bleiben!"
„Aber das geht Rasputin doch gar nichts an!"
„Putin? Wieso denn **Putin**?? Was hat denn jetzt der russische Präsident damit zu tun, was **Sie** wählen und dem Hund nicht verraten wollen??"
„**Ras**putin, ich sagte **Ras**putin. So heißt der Hund!"
„Woher wissen Sie **das** denn? Ich dachte bei mir, Sie kennen die Dogge nicht."
„Ich habe vorhin das Frauchen rufen hören."
Von Ferne schallte es just in diesem Moment wieder durch den Park:
„Raasputiiiin, **Raaspuutiiin**, komm bei Frauchen!!!" –
„**Da!!** Haben Sie's gehört??"
Der ältere Herr im beige-braunen Anzug schüttelte seinen Kopf.
„Ich höre schlecht. Deshalb habe ich wohl auch ‚Putin' verstanden. Aber – um darauf zurückzukommen – wenn Sie ihm nicht verraten wollen, dass Sie die Sozis wählen, dann schlagen Sie ihm doch die LINKE – Hilfe – **HILFEEE – Pfui – PFUI – wassolldenndas**??!!"
Scheinbar missfielen der Dogge die linken Fraktionen noch mehr als die Grünen, denn mit einem gewaltigen Satz war sie von seiner Brust herunter und dem älte-

ren Herrn in den Rücken gesprungen, der – von diesem Angriff völlig überrascht – vorwärts stolperte und nun seinerseits auf ihm landete, mit Augenkontakt, versteht sich. Diese neue Lage erforderte eine neue Einschätzung, eine seiner aktuellen Situation angemessene Reaktion. Er wusste, was nun zu tun war.
„Gestatten Sie, dass ich mich Ihnen vorstelle: Mein Name ist Hahn, wie das Huhn, nur mit a, und wenn Sie bitte so freundlich wären, von mir aufzustehen, wäre ich Ihnen unendlich dankbar", sagte er und deutete, so gut es eben ging mit dem älteren Herrn auf ihm, mit seinem Kopf eine leichte Verbeugung an.
„Sehr angenehm, Baudet! Wird allerdings ‚Bo:dé' gesprochen – wie Bidet mit o; mein Vater war Franzose, müssen Sie wissen", erwiderte der ältere Herr, „aber ich muss Sie leider enttäuschen. Ich kann nicht aufstehen. Rasputin steht auf meinem Rücken."
„Wir sollten aber trotzdem den Gesprächsfaden zu Rasputin nicht abreißen lassen – aber nichts Politisches. Politik scheint ihn nur noch aggressiver zu machen. Haben Sie eine Idee, was wir ihm erzählen könnten? Zur Deeskalation? Sport vielleicht?"
„Also das tut mir furchtbar leid, aber von Sport verstehe ich ü-ber-haupt nichts. Außerdem kann ich ja gar nicht mit ihm reden, er sitzt ja auf meinem Rücken. Ich rede ja die ganze Zeit mit **Ihnen**. Erzählen **Sie** ihm doch irgendwas."
„Ich habe auch keine Ahnung vom Sport!"

„Auch nicht von Fußball? Bundesliga?"
„Ich kann's ja mal versuchen: Rasputin, ich glaube, der FC Bayern wird dieses Jahr wohl schon wieder Deutscher Meister."
Rasputin begann bei dieser Mitteilung, wie ein Tollwütiger auf dem beige-braunen Jackett des älteren Herrn herumzuspringen und bellte dabei wie von Sinnen.
„Das war jetzt keine so gute Idee", bemerkte Herr Baudet mit Panik in der Stimme, „mir scheint, Rasputin ist BVB-Fan."
„Was um alles in der Welt treiben **Sie** denn da, mitten am hellichten Tag und in aller Öffentlichkeit?"
Herr Hahn wie Huhn mit a drehte seinen Kopf nach rechts, während der ältere Herr Baudet wie Bidet mit o mit großer Anstrengung nach links blickte. Beide sahen eine junge Frau in modisch zerrissenen Jeans mit Stöpseln eines Smartphones in den Ohren, die entrüstet auf die beiden übereinanderliegenden Männer hinunterblickte.
„Gestatten: Heribert Baudet – wie Bidet mit o. Und der junge Mann unter mir heißt Hahn. Und es ist nicht so, wie Sie denken, junge Frau", keuchte der ältere Herr mit verrenktem Hals.
„Florian Hahn, wie Huhn mit a. Angenehm!" bestätigte der junge Mann unter Heribert Baudet mühsam.
„Wir würden ja gerne anders, aber der Hund lässt uns nicht! Und mit wem haben **wir** das Vergnügen?"
Die junge Frau zog die Stöpsel des Smartphones aus ih-

ren Ohren und beugte sich hinunter.
„Haben Sie was gesagt? Ich konnte Sie nicht verstehen. Ich hör grade Grönemeyer – ‚Männer' – kennen Sie? *‚Männer haben's schwer, nehmen's leicht'* – kennen Sie? *‚Männer stehen ständig unter Strom'* – klar, wa?"
Die junge Frau sang den Text, schnippte rhythmisch mit den Fingern und wippte dazu im Takt in den Knien.
„Ich habe gesagt, ich heiße Heribert, und der junge Mann unter mir ist Florian. Der Hund heißt Rasputin. Und wer sind **Sie**, wenn ich fragen darf?"
„Sie dürfen! Ich bin Isabelle, Isabelle Gatto – wie Gitte, aber mit a und o! Und welcher Hund???"
Tatsächlich – der ältere Herr bemerkte nun auch, dass Rasputin seinen beige-braunen Rücken verlassen hatte. Die Dogge hetzte in raumgreifenden Sprüngen zu einer älteren Dame, die grade eben um die letzte Biegung des Parkweges geschlendert kam, sprang um sie herum und jagte dann zu der Gruppe zurück.
Währenddessen versuchte Heribert, sich von Florian zu rollen und bat Isabell um Hilfestellung.
Zu spät!
Zwar hatte es Heribert geschafft, sich halbwegs auf den Rücken zu drehen und streckte Isabelle seine Arme hilfeheischend entgegen, als Rasputin in vollem Lauf gegen selbige sprang. Isabelle Gatto landete mit einem entsetzten Kreischen auf Heribert, mit Augenkontakt, versteht sich, was Florian veranlasste, ein ganz klein wenig neidisch auf Heribert zu sein.

Es lagen nun also aufeinander: Florian Hahn zuunterst und rücklings auf der Erde, darüber, ebenfalls auf dem Rücken, Heribert Baudet und auf ihm, bäuchlings, Isabelle Gatto. Auf ihrem Rücken thronte – breitbeinig und offensichtlich gut gelaunt hechelnd – Rasputin und blickte sein Frauchen triumphierend an.
„Ja, da **bist** du ja, mein kleiner Racker", jubelte die ältere Dame, „hast du wieder Spielgefährten gefunden für dein Lieblingsspiel, mein kleiner Schlingel du? Wissen Sie", wandte sie sich an das übereinander liegende Trio, „Rasputin tut nichts, der will nur spielen. Und am liebsten spielt er ‚Bremer Stadtmusikanten' – Esel, Hund, Katze und Hahn! Nur das mit der Reihenfolge begreift er nicht – er will immer oben stehen, nicht wahr, mein kleiner Liebling?!"

oder

„Ja, da **bist** du ja, mein kleiner Racker", jubelte die ältere Dame, „hast du wieder deinen Spaß mit den ‚Bremer Stadtmusikanten'? Fein gemacht, mein kleiner Liebling, gaaanz fein! Aber du weißt **schon**, dass der Hund nicht **oben** steht?! Da gehört doch der Hahn hin, gell?! Das weißt du **schon**?!"
Rasputin sprang von dem liegenden Trio herunter, lief auf Frauchen zu und ließ sich hinter den Ohren kraulen. Isabell stemmte sich von ihrem Vater hoch und sprang auf die Füße.

„**Mama**, ich hab jetzt allmählich die Faxen dicke. Kann der blöde Köter nicht mal ein anderes Märchen spielen? Lies ihm doch mal ‚Rotkäppchen' vor. Dann kannst du dich als Großmutter ja mal fressen lassen. Ich hab keinen Bock mehr, die Katze zu sein."
„Isabelle hat **Recht**, Martha!"
Heribert erhob sich schwerfällig ächzend und stöhnend und half dann seinem Schwiegersohn auf die Beine, der sich den Staub von seiner Kleidung wischte.
„Rasputin kann mich mal! Ich bin für so einen Blödsinn allmählich zu alt. Außerdem bin ich kein Esel und will auch nicht mehr so heißen – auch nicht auf Französisch. Und wenn Florian weiterhin den Hahn machen muss, sehe ich für die Ehe unserer Tochter auch schwarz! Sag doch jetzt auch mal was, Florian!!"
„**Leck mich**, Rasputin!! Und ich wähl' **doch** die Sozis!"

Schneewitte

Es gibt da ein Zusammenspiel –
ich glaub, ihr werdet's kennen –
in Märchen der Gebrüder Grimm,
welches grausam ist und schlimm!
Ich werde es euch nennen:

Stiefmutter sein **und** Königin,
böser kann's nicht werden.
Daneben das Schneewitte-Kind,
lieb, wie Königstöchter sind –
die schönste Maid auf Erden!

Des Königsvaters zweites Weib
war prächtig anzusehen.
Ein Model wie bei Heidi Klumm,
raffiniert und gar nicht dumm –
man konnte ihn verstehen,

dass er der Frau verfallen war,
wenn in halbnackter Blöße
sie vor ihm tanzte ungeniert,
ihm ihre Reize präsentiert
in praller Körbchengröße.

Doch ihr Charakter: Desaströs!
Sie war davon besessen,
die schönste Frau im Land zu sein.
Täglich fragt sie ihr Spiegelein –
von Eifersucht zerfressen

beschwöret sie ihr Spiegelbild
und hat nur eine Bitte:
Dass sie im Land die Schönste wär –
doch schöner, Königin, auf Ehr',
ist tausendmal Schneewitte.

Sie ruft den Jäger, trägt ihm auf,
den Teenager zu morden.
Schneewitte ist so wunderschön –
der Jägersmann, er lässt sie geh'n!
Was ist aus ihr geworden?

Testosterongesteuert und
echt liebestoll im Schädel
hat der King nur eins im Sinn –
den ehelichen Lustgewinn!
Derweil verirrt sein Mädel

sich immer mehr im dunklen Tann,
steigt über sieben Berge,
um plötzlich vor 'nem Haus zu steh'n,
was bess're Tage schon geseh'n –
eine WG für Zwerge!

Die Bude wirkt schwer angeranzt,
Schneewitte greift zum Besen.
Sie macht die Betten, putzt und räumt,
legt sich dann hin, schläft ein und träumt.
„Hier ist 'ne Frau gewesen!"

ruft abends dann der Zwergen-Chef,
„schaut nach in allen Ecken."
Die Zwerge sind ganz aufgeregt.
„Sie hat sich in ein Bett gelegt,
sollen wir sie wecken?"

Schneewitte blinzelt und bemerkt
die Zwerge in der Hütte.
Die wiederum sind ganz entzückt
und konstatieren hoch beglückt:
Ist **das** 'ne scharfe Schnitte!

Wie geht's nun weiter mit der Mär
und mit der Queen, der bösen?
Mit Apfel, Sarg aus Bergkristall,
mit Kamm und Gift und Prinzgemahl?
Ich werd' das Rätsel lösen:

Der Rest des Märchens – alles Quatsch,
nichts ist davon gewesen.
Schneewitte ist im Wald geblieben
und hatte fröhlich Sex mit Sieben –
das wollt' bloß keiner lesen.

*„Die schwierigste Turnübung
ist immer noch,
sich selbst auf den Arm zu nehmen."*

Werner Finck

Ein Witz von Karasek

Hast du schon den Tisch gedeckt?
Sie steckte ihren Kopf zur Esszimmertür hinein und warf einen prüfenden Blick auf sein Werk.
Hab ich, Liebling. Mit den Platztellern – wie du es gewünscht hast. Messer poliert, Gabeln geprüft – bei einer hing noch was zwischen den Zinken. Manchmal packt's die Spülmaschine nicht mehr. Ich glaube, wir brauchen bald mal eine neue.
Welche Gläser hast du denn genommen? wollte sie wissen, du weißt doch, Altmanns trinken am liebsten Rotwein, den Spätburgunder.
Zum *hellen* Fleisch? Ich glaub, mein Schwein pfeift. Kommt nicht in Frage. Heute kredenze ich den trockenen Riesling aus der Pfalz. Wenn Altmanns das nicht gefällt, sollen sie Wasser trinken. Richards wollen ja auch keine Extrawurst gebraten kriegen.
Er stellte die Weißweingläser neben die Platzteller und holte dann die Wassergläser aus dem Schrank. Seine Frau verschwand wieder in der Küche, um letzte Vorbereitungen zu treffen. Sie hatten heute Abend zwei Ehepaare zu Besuch – Altmanns und Richards, Altmanns in den Siebzigern, also zwanzig Jahre älter als er und seine Frau und Richards so alt wie sie, beide Paare irgendwie wichtig, er wusste auch nicht so genau wieso, das war eigentlich mehr die Sache seiner Frau. Man sollte es sich mit denen wohl besser nicht verscherzen.

Aber Rotwein zum Kalbsbraten?? Niemals. Er hatte sowieso keinen Bock auf diesen Abend, aber vielleicht wurde es dann besonders lustig. Das hatten sie öfter schon erlebt, er war jedoch ziemlich skeptisch, vor allem, wenn er an Altmanns dachte.

Das akademische Viertel war gerade vorbei, da schellte es durchdringend. Im Treppenhaus wurde Stimmengewirr laut. Offensichtlich hatten sich beide Paare vor der Haustür getroffen und stiegen nun gemeinsam hoch in den zweiten Stock. Papiergeraschel war zu hören, so, wie es sich anhört, wenn Blumensträuße ausgewickelt werden. Meistens kämpfte man dabei mit widerspenstigem Tesafilm, mit dem Floristinnen gerne großzügig die Papierfahnen zusammenklebten.
Hol schon mal eine Vase, flüsterte ihm seine Frau zu, ich bleibe hier an der Tür stehen, komm, mach schon, sie sind gleich oben. Er flitzte ins Wohnzimmer und suchte in der Anrichte nach einer passenden Größe, so ein Blödsinn, ich kenne den Strauß doch gar nicht, dachte er, als er vor dem Schrank kniete.
Nimm die schwere Kristallvase, zischte seine Frau ihm von der Tür aus zu, Altmanns bringen immer einen großen . . . und dann: Aah, guten Abend, Frau Altmann, guten Abend, Herr Altmann, ooh, was für ein schöner Strauß, das wär doch nicht nötig gewesen, guten Abend, Herr Richard, guten Abend, Frau Richard, na, da wird sich mein Mann aber freuen, danke für den Rotwein –

Liebling, hast du die Vase, schau mal, was für ein schöner Strauß – kommen Sie doch herein bitte.
Er kam mit der schweren Kristallvase durch den Flur.
Ja leck mich doch am Arsch, dachte er, schon wieder so ein Sperrmüllstrauß, wo holen die Floristen bloß immer das ganze Holzgedöns her? Guten Abend, Frau Richard, Frau Altmann, darf ich Ihre Mäntel . . . guten Abend, die Herren, bitte gehen Sie doch schon durch, Sie kennen sich ja aus, ich versorge nur schnell die . . . oh, danke für den guten Tropfen, da freue ich mich aber!!
Er verschwand in der Küche, stellte den Blumenstrauß in die Vase und gesellte sich mit einer Flasche Crémant zu den Gästen.
Der gedeckte Tisch im Esszimmer musste warten. Erst gab es bei ihnen immer im Wohnzimmer einen Begrüßungsaperitif, wohltemperiert, im Stehen oder im Sitzen, meistens lieber im Sitzen, einige Gäste waren nicht mehr die Jüngsten; und dann natürlich immer wieder die Platzfrage: Wer sitzt wo, da sitze ich immer, aber natürlich, suchen Sie sich doch bitte einen Platz aus, wie es Ihnen gefällt, meine Liebe!
Crémant geht immer. Man schlürft sich so langsam in Stimmung, plaudert sich warm, testet Themen aus, was geht – was geht nicht. Seine Frau verschwand in der Küche, bleib du bei unseren Gästen, wenn ich dich brauche, rufe ich dich, dauert nicht lange. Er blieb also sitzen, schenkte nach – noch ein Fläschchen? Nein, lohnt sich nicht, ich bin gleich mit der Vorspeise fertig,

rief seine Frau aus der Küche, bitte unsere Gäste doch schon mal zu Tisch und kümmere dich um die Getränke. Mach ich, rief er zurück, und zu seinen Gästen gewandt: Bitte nehmen Sie doch im Esszimmer Platz, darf ich Ihnen schon einmal den Wein einschenken; alles wie immer, Routine eben, ein seit langen Jahren eingespieltes Team, seine Frau und er.

Das Essen zog sich; die Vorsuppe war köstlich wie immer, so gut, dass sich Herr Richard und Herr Altmann noch ein Tellerchen erbaten, trotz des Hinweises ihrer Frauen, dass es ja noch was anderes gäbe, denk an dein Gewicht, Norbert, morgen jammerst du wieder, Frieder. Das Schöne an der heutigen Gäste-Konstellation war, dass sich beide Paare kannten, und nicht nur das, nein, sie kannten auch viele andere, die nicht mit am Tisch saßen, über die sie sich aber gerade deshalb vortrefflich unterhalten konnten, ohne dass er ständig als Themengeber fungieren musste. Gastgeber sein war ja schon stressig genug. Ich verschwinde noch mal eben in die Küche, sagte seine Frau, kümmere du dich schon mal um die Getränke. Trinken Sie auch Wasser zum Essen? Ja bitte, mit Gas, wenn's geht, mir bitte still, ja gerne, ist alles da. Er schenkte ein – Riesling aus der Pfalz, schön trocken natürlich, beide Altmanns blickten etwas konsterniert, sagten aber nichts. Kannst du mir eben helfen, rief seine Frau aus der Küche, und er entschuldigte sich und eilte zur Küche, um die Bratenplatte und die Schüsseln mit den Beilagen zu holen. Bitte greifen Sie doch zu, sagte seine Frau, es ist noch von allem da; auch von der Soße? wollte Frieder Altmann wissen und erntete dafür einen strengen Blick von Astrid, seiner Frau. Ja, nehmen Sie ruhig, Soße ist noch reichlich in der Küche.

Während des Essens – der Hauptgang mundete vorzüglich, das Fleisch war butterweich und selbst Altmanns mussten dem trockenen Riesling Beifall zollen – wurde wenig gesprochen, nur ein paar Bemerkungen hin und wieder über die gemeinsamen Bekannten und deren Absonderlichkeiten; alles in allem herrschte eine harmonische Grundstimmung. Als die Messer und Gabeln wie es sich gehört nach dem Essen alle auf vier Uhr zwanzig lagen – Knigge hätte seine helle Freude gehabt – und auch auf Nachfrage seiner Frau niemand mehr zugreifen wollte, räumte er den Tisch ab und überließ dann seiner Frau erneut die Küche, weil sie das Dessert herrichten wollte. Kann ich dir helfen, wollte er wissen, aber sie hatte alles im Griff. Hoffentlich mögen alle deine Kreation, zweifelte er, na klar, sag mir einen, der kein Eis mag, beruhigte sie ihn, geh wieder rein und kümmere dich um unsere Gäste, ich ruf dich, wenn ich soweit bin.

Altmanns und Richards waren immer noch dabei, sich über ihre zahlreichen gemeinsamen Bekannten auszutauschen, nicht immer im positiven Sinn, aber das kannte er schon. Hier bei ihnen war jeder Gast in einem geschützten Raum, nichts drang je nach außen, und wenn beim nächsten Mal die Leute hier saßen, über die heute gerichtet wurde und die sich dann ihrerseits über Altmanns und Richards unterhielten, bliebe auch das unter Verschluss. Du kannst mir jetzt bitte eben beim Tragen helfen, rief seine Frau aus der Küche, und er trug mit ihr die Nachspeise auf. Beifall erscholl; siehst du, mein Lieber, ich hab's ja gesagt, Eis mag jeder!

Nach dem Dessert schlug seine Stunde, denn Espresso, wenn gewünscht, mit oder ohne Digestif, war sein Spezialgebiet. Während er mit der etwas zeitintensiven Zubereitung beschäftigt war, wurde die Stimmung am Tisch immer heiterer – der trockene Riesling entfaltete allmählich seine Wirkung, Wasser hin oder her. Er servierte die Espressi und die Grappe und setzte sich wieder dazu. Salute, Chin Chin, zum Wohle – und ganz plötzlich *er* der Esel, dem es zu wohl wird und der deshalb aufs Eis geht. Ihm fiel ein Witz ein, den er kürzlich auf Youtube entdeckt hatte. Den *musste* er jetzt loswerden, der war schließlich von Karasek, den konnte man erzählen; welchen, wenn nicht den von dem, verdammt.

Ich habe da einen Witz gehört, den *muss* ich Ihnen erzählen, also da ist ein – seine Frau warf ihm einen mahnenden Blick zu, der ihn kurz fixierte und dann himmelwärts wanderte, nein, bitte lieber nicht, sollte der wohl sagen, aber ihn ritt der Teufel – da ist ein Vorstand einer Firma – welcher Firma, fragte Frieder Altmann, einer Bank? – egal, von mir aus einer Bank, und dessen langjährige Sekretärin ist in Rente gegangen. Wie bei dir, Christine, wandte sich Norbert Richard an seine Frau, deine ist doch auch berentet worden.

Der Vorstand, versuchte er den Faden wieder aufzunehmen, beauftragt deshalb einen Headhunter – was ist denn ein Headhunter? wollte Astrid Altmann wissen und blickte fragend in die Runde, das heißt doch Kopfjäger, das kenn ich nur von Kannibalen. Das ist ein Mensch, der für große Firmen kompetentes Personal sucht, erklärte Christine Richard. So einen hast du doch auch beauftragt, stimmt's? Hat es denn was genützt? wollte nun Norbert von seiner Frau wissen.

Also, der Vorstand beauftragt einen Headhunter mit der Suche nach einer neuen Sekretärin, versuchte er es erneut, und der bittet drei Damen, die er gefunden hat, zum Eignungstest.

Nein, sagte Christine Richard, die Vorstandsvorsitzende eines mittelständigen Unternehmens, ich hab keinen Headhunter beauftragt, meine Personalabteilung hat einfach eine Annonce aufgegeben. Und, hatten Sie damit Erfolg, fragte nun Frieder Altmann, also ich zu meiner Zeit hab damit nur schlechte Erfahrungen gemacht. Der Headhunter fragt also die erste Bewerberin, was ist zwei plus zwei, und die antwortet vier. Der Headhunter bittet nun die zweite Dame herein. Wieviel ist zwei plus zwei? Die Bewerberin sagt zweiundzwanzig. Gut – Nein, nein, so geht das nicht, unterbrach nun Astrid Altmann, sie ist pensionierte Mathematiklehrerin und muss es wissen, das ist für diese Antwort, wenn sie akzeptiert werden soll, die völlig falsche Fragestellung. Wenn zweiundzwanzig richtig sein soll, müsste der Headhunter fragen, was *ergibt* zwei *und* zwei. Die Frage *wieviel* und das Wort *plus* assoziieren einen mathematischen Vorgang, und der lässt nur das Ergebnis *vier* zu.

Allmählich schwoll ihm der Kamm, kann man denn in dieser Runde nicht mal einen Witz erzählen, ohne ständig unterbrochen zu werden, verdammt nochmal. Und seine Frau schickte wieder einen warnenden Blick in seiner Richtung und dann gen Himmel; lass es doch endlich, bitte, und dann ihre Frage, möchte noch jemand einen Grappa – oder einen Limoncello vielleicht? Ja, gerne, beide Damen, die Herren nickten ebenfalls.

Also gut, der Headhunter fragt die zweite Bewerberin, was ergibt zwei und zwei, und die junge Dame antwortet: zweiundzwanzig. Gut, sagt der Headhunter und bittet die dritte Bewerberin herein. Was ergibt zwei und zwei, fragt er auch sie, und sie zögert und sagt dann: das kann vier sein oder zweiundzwanzig. Der Headhunter wendet sich an den Vorstand und sagt –

Stößchen, juchzte Astrid und stieß mit Christine an, ich bin die Astrid, und ich bin Christine, Prösterlein, und beide kicherten sich an, derweil die beiden Herren zum

Grappa schielten. Wer fährt heute eigentlich? wollte nun leicht angesäuert Norbert wissen, ja, das wüsste ich auch mal gerne, ließ sich jetzt auch Frieder vernehmen; also *ich* nicht, bemerkte Christine fröhlich, Prost, Astid ... Astrid; ich auch nicht, mein Lieber, schmetterte Astrid fröhlich und genehmigte sich mit Christine noch einen Limoncello. So jung kommen wir nie mehr zusammen, oder? Los, wir sagen jetzt alle du und dann ist gut – Stößchen.

Ich bin die Helga, sagte seine Frau, und ich bin der Wolfgang, sagte er, Prost allerseits, und alle hoben ihr Glas und er schenkte noch einmal Grappa und Limoncello nach; und am besten wird sein, wir bestellen uns gleich ein Taxi, konstatierte Frieder und hielt noch einmal sein Grappaglas hin – Stößchen!

Auch er nahm noch einen Schluck, und dann – also der Headhunter wendet sich an den Vorstand und sagt, er hätte ihm nun drei Sekretärinnen-Typen vorgestellt. Die Erste ist nüchtern und pragmatisch und solide, sie weiß, dass zwei und zwei vier ist und für sie würde zwei und zwei immer vier sein und bleiben. Die Zweite ist hemmungslos optimistisch. Sie wählt immer die größtmögliche Summe, was ja durchaus sehr positiv sein kann. Die Dritte ist äußerst kompromissbereit, je nach dem, was sie für besser hält, ist zwei und zwei entweder vier oder zweiundzwanzig. Alle drei haben ihre Vorteile. Welche Dame wählen Sie nun?

Also ich als Mathetam ... Mathematiklehrerin, dozierte

Astrid mit Limoncello-schwerer Zunge, würde mich für die – die ersse Dame, die pagram . . . pragmatische entscheiden – hicks! Na klar, sswei un sswei is vier, ne?
Un ich würde die dritte Dame nehm, nuschelte Christine, Kompomi . . . Kompromisse sind mein Schpessialgebiet, weissu doch, ne, Frieder, oder?
Frieder äußerte sich als kompromissloser Bauingenieur nicht dazu, Frieder nahm noch einen Grappa, er wollte auch nicht mehr fahren, ging auch nicht mehr, und wedelte mit dem rechten Zeigefinger: Un was sacht nu der Vorstand? Ja, sach jezz ma, forderte nun auch Norbert, lass ma hören, wasser sacht.
Seine Frau blickte ihn schicksalsergeben an, wollte es hören und nicht hören, war sich dessen sicher und nicht sicher und befürchtete Schlimmes.

Und der Vorstand sagt zu dem Headhunter, ich nehme die schlanke Blondine mit den großen Brüsten, hahaha!

Wintereinbruch mitten im Sommer, eisiges Schweigen, seine Frau wurde auf ihrem Stuhl immer kleiner, schmolz sozusagen wie der Schnee in der Sonne, obwohl das eigentlich unlogisch war, dachte er, mitten im Winter. Um Himmels Willen, bist du waaahnsinnig geworden, fragte ihr Blick, wie kannst du einen solchen Witz erzählen, und dann –
brach es aus den Männern heraus; ein Blondinenwitz, hahahahahahah, guuut, hahahaha –

Nein, sagte er, eben *nicht*! Der Witz ist von Karasek, und der sagt, das sei ein *Anti*-Blondinenwitz!!

Ich verstehe, nickte Frieder, der Witz is tatsächlich . . . subtil männerfeindlich is der, weil er uns unterstellt, wir dächten lelig . . . lediglich an schlanke Blondinen mit großen Brüsten . . . sachma, auf welcher Seite stehs du eignlich, hä?
Genauuuu, kicherte Astrid nun rezitierend, der Witz is mänlich . . . nämlich männerfeindlich is der! Jezz weiß ich *endlich*, wie ihr Vorstände eure Seketrä . . . Setrekä . . . Sekretärinnen aussucht, ihr Kerle!!
Männerfeindlich is der nämlich, brüllte jetzt Christine ihren Norbert an, da brauchsse gar nich drüber ssu lachen, **un ich bin kein Kerl**, an Astrid gewandt, un außerdem is der sexisch . . sexschiss . . sexistisch!
Hähähä . . . hassu vielleicht auch so deine neue Seketrä . . . Sekretärin ausgesucht, hä? juxte Norbert jetzt seine Vorstands-Christine an.
Ich-hab-meine-Seketrä . . . Setrekä . . . Sekretärin nich ausgesucht. Das hat meine Perlon . . . Personalabteilung getan, verdammp!! brüllte Christine den ihr gegenüber sitzenden Frieder an und nahm noch einen Limoncello, um sich abzuregen, aber nur deshalb.
Die hat mich angebrüllt, beschwerte sich Frieder bei Norbert, dabei hab ich doch gar nichts gesagt, brüll doch deinen eigenen Mann an, jetzt zu Christine, was hab ich mit den Brüsten deiner Setrekä . . . Seketrär . . .

Sekretärin zu tun, hä?!
Un ich hab keine Setrek ... Seketrä ... Sekretärin, sondern einen Setrekär, un der hat keine Brüste!!
Kümmer dich doch um die Brüste deiner Frau!
Nach sieben Limoncelli hatte Christine offenbar ihren Geradeausblick verloren, warum sonst hätte sich Astrid angesprochen fühlen sollen?
Was gehen denn deinen Setrekär meine Brüste an, gar nix, konterte die, um das ma glanz klar .. ganz klar ssu sagen, un außerdem, schneuzte sie sich schluchzend in ihre Serviette, um welche Brüste sich Frieder kümmert, is doch wirklich seine Sache, **ich** bin ja leider **nich** seine ... seine Setrekä ... Setekrä ... Sekredingsbums.

Ich werde verrückt, dachte er, ich drehe durch. Ich hab doch nur einen Witz von Karasek erzählt. Was ist denn bloß in die alle gefahren?

Wir gehn jezz, entschied Frieder und stemmte sich an Astrid hoch, weil er nach sechs Grappe nun doch ein paar weiche Knie hatte, geeße mit? zu Norbert, un du? zu Christine; **Un ich? Nimmße mich nich mit?** wollte Astrid wissen.
Vorher will ich abba noch wissen, seit wann du einen Seket ... du weiß schon, seit wann du den hass, wollte Norbert von Christine erfahren, davon hör ich heute ssum ersten Mal, hör ich das. Wie siehtn der aus, wie alt isn der, hä, nu sach schon, Chistrine ..... Christine.

Frieder setzte sich wieder hin und hielt sein leeres Glas in die Luft, wohl als dezente Aufforderung, ihm noch einen letzten Grappa einzuschenken, den er sich dann mit einem beherzten Schwung einverleibte.
Prösterlein – Norbert nahm auch noch einen.
Das möchste wohl gerne wissen, wa? wie der aussieht! un wie alt der is, wa? kicherte Christine ihren Norbert an. Schnuckelich sieht der aus, is aber nich blond, neee, der is schwarz, mit so dämlichen Blondinenwitzen is da nix zu machen bei dem.
Norbert erhob sich schwankend. Wir gehen jezz, brummelte er vor sich hin, kommsse mit, oder musse ers dein Seketrär fragen? Und dann erhoben sich alle, verabschiedeten sich und wankten durch die Diele und durchs Treppenhaus und waren verschwunden.

Das hast du ja prima hingekriegt, grollte seine Frau beim Abräumen der Gläser, erzähl bloß **nie mehr** einen Witz, ich bitte dich, das ist ja **fürchterlich**.
Ich versprech's, versprach er, nie mehr!!
Obwohl – eigentlich schade, er kannte da noch einen, auch von Karasek, der war auch gut: Ein altes Ehepaar will es noch mal wissen. Pass aber ein bisschen auf, bittet sie ihn, ich hab es nämlich im Rücken. Gut, dass du mir das sagst, erwidert er, ich hätte . . .
Nein, er hatte es eben versprochen, er würde **keinen** Witz mehr erzählen! **Nie mehr!!**

„Satire muss wehtun!"

Christian Ehring

Nouvelle Cuisine

Freunde, lasst uns Grillen grillen,
wir wollen uns an Schaben laben!
Schreit nicht gleich „Um Himmelswillen" –
das sind schiere Eiweiß-Gaben!

Lasst Schweine, Rinder, Hühner leben,
die Tiere werden es uns lohnen!
Obwohl wir Eiweiß zu uns nehmen,
werden wir das Viehzeug schonen.

Drei neue Menschen pro Sekunde –
die wollen was zu futtern haben.
Maden-Snacks in aller Munde –
wir wollen uns an Schaben laben!

Eklig? Macht euch keine Sorgen,
nicht so pingelig, ihr Leute.
Den Eiweiß-Happs von übermorgen,
den probieren wir schon heute.

Lasst euch nicht ins Bockshorn jagen,
Innovationen muss man loben!
„Man nehme . . ." – nur nicht hinterfragen.
Wir wollen uns an – siehe oben . . .

Gewürm zu meiden ist borniert!
Komm, wir essen auf die Schnelle
ein paar Raupen, kross frittiert
und 'ne Mehlwurm-Frikadelle.

Auch Mehmet probt die neue Küche,
nirgends speist man besser, schöner!
Lest nur seine Werbesprüche:
Bei Mehmet gibt's Insekten-Döner!

Mehmets Köfte aus Zikaden,
sanft geröstet, ischerklär,
Kibbeh und Kebab aus Maden –
Alles bio, echt, ischwör!

Wunschzettel zwo *

Ich wär so gerne Florian,
Florian Silbereisen.
Dann zög ich mir ein Tutu an
und ging damit zum Ballermann,
um singend zu vergreisen.

Ich möchte gern der Philip sein,
der Philip von Mountbatten.
Ich sperr' die Queen im Tower ein,
mag sie auch jammern oder schrei'n –
ich lege sie in Ketten.

Ich möcht' auch gern Franziskus sein,
der Papst im Petersdom.
Erst zieh' ich mir 'ne Linie rein,
mit Gänswein und auf einem Bein
hüpf ich dann quer durch Rom.

Ich bin jetzt mal ein Sauftourist
und fliege flugs nach Malle.
Dann weiß ich endlich, wie das ist,
wenn man aus Eimern säuft und frisst,
besoffen in die Gegend pisst –
schlimm? – nee, das tun doch alle!!

(*) siehe „Wunschzettel" im Buch „nee, echt jetzt!?"

Wär ich ein Mops bei Loriot,
das wär ein feines Leben . . .
doch besser noch, ich wäre zwo
Möpse bei Brigit Bardot –
ich hätt' was drum gegeben . . .

Gern wär ich auch Altkanzler Schmidt,
der Helmut von der Elbe!
Ich hielt durch Räucherei mich fit,
ohne Menthol oder mit –
das wär vom Ei das Gelbe!!

Toll wär's, ich wär der Antichrist,
ich würd zum Blocksberg flitzen.
Wenn dort mich heiß die Hexe küsst,
viel heißer, als die Hölle ist,
geriet ich arg ins Schwitzen.

Ach, wenn ich mal Frau Merkel wär,
dann nähme ich die Truppe
und bombardier' den BER,
bis davon nichts mehr übrig wär.
Einen Airport weniger –
das wär mir völlig schnuppe!
Im Anschluss daran – bitte sehr,
wär das nicht revolutionär? –
esse ich mit der Bundeswehr
meine Kartoffelsuppe!

Jetzt bin ich Heino, blondgelockt,
der mit der Sonnenbrille.
Ich habe die Nation geschockt,
weil ich mit Rammstein rumgerockt –
das war mein letzter Wille.

*Ich sing auch gerne mal scharf rechts,
die alten Nazi-Lieder.
Rechts zu singen ist nichts Schlecht's,
man ist doch arischen Geschlechts!!
Ansonsten bin ich bieder!* *

Karl Lagerfeld, Karl Lagerfeld,
du wär ich gern gewesen!
Ich wär ein Modezar, ein Held
der Pariser Modewelt.
Mit Haken und mit Ösen,

mit Glitzer, Strass und allerlei
hochtransparenten Stoffen,
die Models brust- und nabelfrei
kreiere ich den letzten Schrei –
nach allen Seiten offen!

Ich bin Helene, bin ein Pracht-
weib! Welche Katastrophe –
ich hab nach atemloser Nacht
mit Silbereisen Schluss gemacht –
zurück zur ersten Strophe.

(*) *weiß der Henker, wie Björn Höcke und Konsorten hier ins Buch gekommen sind?! Man muss aufpassen wie ein Luchs!!!*

*„Alles ist einfach,
bevor es schwer wird."*

Erich Honecker

Fridays for Future
Eine Real-Satire*

„Aufstehen, Theresa, es ist kurz vor halb sieben!! Du musst zur Schule. Auf-steeeehen!"
Aus der Tiefe des dunklen Raumes antwortet ein Laut, der an das Knurren eines Rottweilers erinnert.
„Nu mach hinne, Theresa! Carpe diem!!"
„Lass mich, Mom! Ich hab gestern noctem gecarpt. Ich geh heute nicht zur Schule. Heute ist Freitag!"
„Wenn du dir die Nacht um die Ohren schlägst, ist das deine Sache. Du weißt doch: Ministerium est, et ministerium booze booze."
„Wo nimmst du bloß so früh am Morgen die lateinischen Sprüche her? Ich weiß, dass Dienst Dienst und Schnaps Schnaps ist, das hat mir schon mein Großvater dauernd erzählt."
„Also raus aus den Federn. Denk an Seneca: Non vitae, sed scholae discimus!"
„Nix da, Mom, lass mal deinen Seneca stecken! Anders herum wird ein Schuh draus! Non **scholae,** sed **vitae** discimus. Und weil das so ist, gehe ich heute auch nicht zur Schule. Heute ist Freitag, **Frei-tag**, da wird gegen den Klimawandel demonstriert."
„Theresa, denk doch mal an deine Zukunft! Ne discere cessa!"
„Nerv mich nicht, Mom! Nec scire fas est omnia! Aber eins weiß ich – wenn unsere Generation euch nicht end-

lich Dampf macht, **haben** wir keine Zukunft mehr, und deshalb wird heute demonstriert. Greta kommt auch."
„Welche Greta?"
„Greta Thunberg, unsere Gallionsfigur."
„Du gehst also heute **nicht** zur Schule??"
„Possum, sed nolo. Und nun lass mich noch ein Stündchen schlafen, die Demo beginnt erst um neun!"

Zehntausend Schulende (ja, meine Lieben, das ist Neudeutsch, da braucht ihr gar nicht so erstaunt zu gucken. Das ersetzt in Zukunft die Schülerin und den Schüler und macht das Leben viel einfacher, ihr werdet sehen) stehen mit Transparenten vor dem Reichstagsgebäude und skandieren lautstark ihre Forderungen.
Drinnen stehen Regierende und Volksvertretende (seht ihr, geht doch!!) und beratschlagen, wie sie mit dieser aufmüpfigen Jugend umgehen soll.

„Herr Minister, Sie sollten hinausgehen und den Dialog mit den jungen Leuten suchen. Volksnah – bürgernah – sowas kommt immer gut an."
Nun ist es zwar bald Ostern, aber das Suchen nach bunten Eiern ist dann doch etwas anderes als das Suchen nach dem Dialog, vor allem mit wütenden jungen Menschen, die fürchten, um ihre Zukunft betrogen zu werden. So sucht also der Wirtschaftsminister den Dialog vergeblich, und als die jungen Demonstrierenden ihm lautstark vorwerfen, seine Arbeit nicht zu tun, beschei-

nigt er missgelaunt seinem Ministerialbeamten: **„Das war echt 'ne Scheißidee. Das war wirklich scheiße!"** Er wendet sich um und raunzt: „Sag du doch auch mal was, Christian!"

Der jung-dynamische Parteivorsitzende der freien Demokraten mit dem progressiven Dreitagebart lässt sich das natürlich nicht zweimal sagen und spricht also: **„Von Kindern und Jugendlichen kann man nicht erwarten, dass sie bereits alle globalen Zusammenhänge, das technisch Sinnvolle und das ökonomisch Machbare sehen. Das ist eine Sache für Profis."** Der daraufhin einsetzende Tsunami-ähnliche Shitstorm veranlasst ihn anschließend, darauf hinzuweisen, dass mit den „Profis" nicht Politiker und Erwachsene gemeint gewesen seien, sondern Ingenieure und Wissenschaftler. Aber wie war das noch? Hatte er nicht vor geraumer Zeit geäußert, es sei besser, nichts zu sagen als etwas Schlechtes zu sagen – oder so ähnlich?! Ach nein, da ging's ums Regieren. Dann ruft er lauthals nach dem Verkehrsminister, denn der Straßenverkehr ist ja auch nicht ganz unschuldig an dem Desaster, gell?!

Und da kommt auch schon die stets gut gelaunte bayerische Frohnatur Andreas Scheuer auf seinem 20 km/h schnellen E-Scooter vor den Reichstag gesaust. Er war gerade noch beim Foto-Shooting für die neue Plakataktion und trägt deshalb Feinripp-Unterwäsche und ei-

nen schicken Fahrradhelm. Mit einem rasanten Schlenker umkurvt er mit seinem Roller seine Kollegenden (!) und bremst vor der demonstrierenden Jugend.
„Das gab es noch nie. In ganz Europa wird jetzt über Fahrradhelme dikutiert!" ruft er strahlendgelaunt in die Menge. Die antwortet mit wütenden Sprechchören und fordert ***Tem-po-li-mit-jetzt!!-Tem-po-li-mit-jetzt!!*** Das missfällt ihm. Mindestens so sehr wie die nicht enden wollende Forderung der renitenten Dieselfahrer nach einer Hardware-Nachrüstung, die – das muss man sich bloß mal vorstellen – auch noch von der Autoindustrie bezahlt werden soll! Geht's noch?? Also stellt Andreas Scheuer sich vor die Schulschwänzenden und ruft empört: **„Forderungen nach einem Tempolimit sind gegen jeden Menschenverstand gerichtet!** Das ist doch total bescheuert!! Und außerdem: **Wir brauchen keine Schulschwänzer, sondern wir brauchen eine Demonstration für Politik und Demokratie"**, und wendet sich an die schräg hinter ihm stehende Umweltministerin: „Svenja, versuch du doch mal, die jungen Leute zu besänftigen. Sag doch mal was zur CO2-Steuer!"

Svenja Schulze tritt vor, lacht verlegen, macht einige Tanzschritte, die entfernt an einen Kasatschok erinnern, und ruft dann in die Menge: **„Also wirklich, wenn ich mich jetzt nicht beeile, verpasse ich meinen Zug!"** Irgendwie kommt das gut an. Die demonstrierende Ju-

gend hat was übrig fürs Zugfahren. Greta fährt auch immer mit dem Zug – egal, wohin sie auch eingeladen ist. Gut, sie kommt dann auch schon mal etwas zu spät und muss manchmal auch früher los, aber das, sagt sie, ist der Preis für die Klimarettung. Den bezahlt ihre ganze Familie. Gretas Mutter hat ihre internationale Karriere als Opernsängerin an den Nagel gehängt, weil man per Schiene nicht überall hinkommt und es mit dem Schiff einfach zu lange dauert – mal ganz zu schweigen von per pedes apostolorum. Aber die Thunbergs fliegen nicht mehr, wegen der ‚Flugscham'. Und Frau Schulze schämt sich offenbar auch zu fliegen, aber nicht zu tanzen. Fragt sich nur, was schlimmer ist. Gut, zugegeben, beim Tanzen wird kein Kohlenstoffdioxid ausgestoßen, sondern schlimmstenfalls Methan, CH_4, weil die Bewegung die Darmtätigkeit anregt. Methan ist einundzwanzigmal schädlicher als CO_2. Kühe stoßen Methan aus, wenn sie pupsen und rülpsen, und das tun sie leider den ganzen Tag und nicht nur beim Tanzen.
Friedrich Nietzsche lässt Zarathustra sagen, das Himmelreich sei bei den Kühen. Wenn wir nicht würden wie die Kühe, bliebe uns der Himmel verschlossen. Konjunktiv zwo. Man stelle sich das vor: Zum CO_2-Ausstoß der Flugzeuge kämen noch all die CH_4-Fürze der Kühe. Da wäre die Welt ja schneller im Arsch, als Greta zur nächsten Demo mit dem Zug in Berlin wäre. Apropos Zug: Jetzt muss die Ministerin aber wirklich los und lässt sich mit einer Diesel-Limousine des Regierungs-

fuhrparks zum Bahnhof fahren. Auf das bisschen Stickoxid und Feinstaub kommt es jetzt auch schon nicht mehr an. Dieser Meinung ist auch der Lungenfacharzt Dieter Köhler, der sich jetzt nach vorne drängt. **"Wenn alle Todesfälle in den epidemiologischen Studien der Weltgesundheitsorganisation WHO durch den Feinstaub verursacht worden wären, dann müssten Raucher nach fünfzehn bis zweiundzwanzig Monaten tot sein, weil sie zehnmal so viel Feinstaub einatmen wie ein Nichtraucher am Stuttgarter Neckartor!"** ruft er in die Menge. **"Allerdings ist das auch abhängig vom Puff-Volumen der Raucher!"**

"Wie jetzt?" will Olaf Scholz wissen. "Da ist doch wohl das Puff-Volumen in Hamburg auf Sankt Pauli größer als in der Stuttgarter Innenstadt, oder?!"
Als ehemaliger Erster Bürgermeister der Hansestadt müsste er es wissen.

Und die Gülle aus der Rinder-, Geflügel- und Schweinemast? Gülle ist Scheiße! Ja, das wissen die Demonstrierenden auch schon. Aber dafür ist Svenja Schulze ja nicht zuständig, die Gülle ist Sache der Ministerin für Ernährung, Landwirtschaft und Verbraucherschutz.
Julia Klöckner hat aber gerade keine Zeit. Sie muss die Bienen schützen. **"Die Bienen sind systemrelevant"**, lässt sie ihren Sprecher ausrichten, **"was der Biene schadet, muss vom Markt!!"** Natürlich freiwillig. Die

Verbraucher muss sie auch schützen. Mit Lebensmittel-Labels. Natürlich auch freiwillig. Und das Grundwasser muss sie auch schützen, das will die EU, sonst wird es teuer. Also muss sie dafür sorgen, dass weniger Gülle in den Boden gelangt. Das ist Scheiße, sagen die Bauern. Ja, das wissen wir doch schon, dass Gülle Scheiße ist, und das wird für Julia Klöckner sehr, sehr schwierig, weil sie als Landwirtschaftsministerin ja auch die Bauern schützen muss. Wie soll das alles gehen?? Da kann sie sich nicht auch noch um den Klimaschutz kümmern, Himmelarschundzwirn!!

Ist denn da Niemand im ganzen Bundestag, der jetzt mal was Nettes zu den zukünftigen Rentenbeitragzahlenden sagt? Irgendetwas unverbindlich Tröstendes? Unsere Bundeskanzlerin Angela Merkel vielleicht? Jawohl, da kommt sie, schubst ihren getreuen Peter Altmeier beiseite, macht sich die Raute und der Zukunft Deutschlands Mut:

„Wir sind zusammengekommen, weil wir vor einer, wenn nicht sogar vor *der* zentralen Herausforderung der Menschheit stehen. Der Klimawandel ist für unsere Welt eine Schicksalsfrage! Ich unterstütze sehr, dass Schülerinnen und Schüler für den Klimaschutz auf die Straße gehen und dafür kämpfen. Ich glaube, dass das eine sehr gute Initiative ist."
Da schleicht sich der Innenminister Horst Seehofer an sie heran, beugt sich herab und flüstert ihr was ins Ohr.

Was passiert da?
Die Kanzlerin lauscht gespannt. Ihr Mienenspiel wechselt von zweifelnd – zu besorgt und nun – zu entrüstet. Aha, wir hören gerade, dass Horst in seiner Funktion als oberster Dienstherr des Verfassungsschutzes der Kanzlerin einen Verdacht ins Ohr geträufelt hat. Nun rautet sie wieder und fährt fort:
„Die hybride Kriegsführung im Internet ist sehr schwer zu erkennen, weil sie plötzlich Bewegungen haben, von denen sie gedacht haben, dass sie nie auftreten. In Deutschland protestieren jetzt die Kinder für Klimaschutz, das ist ein wirklich wichtiges Anliegen. Aber dass plötzlich *alle* deutschen Kinder nach Jahren ohne jeden äußeren Einfluss auf die Idee kommen, dass man diesen Protest machen muss, das kann man sich auch nicht vorstellen."

Als hätten wir's geahnt: Greta Thunberg ist also eine von Putin gesteuerte russische Marionette, die subversiv die Jugend der westlichen Welt im Sinne Moskaus staatszersetzend beeinflussen und steuern soll. Apropos

„Greta! War sie dabei, Theresa?"
„Nee, Mom, Greta ist nicht gekommen. Der Zug war verspätet und hat in Lübeck die Pofalla-Wende gemacht. Greta ist zurück nach Stockholm."
„Was ist denn die Pofalla-Wende??"
„Wenn ein Zug Verspätung hat, fährt er nicht bis zum

Zielbahnhof, sondern wendet vorher und fährt danach pünktlich wieder zurück! Statistik-Verbesserung!"
„Sag mal, passiert das wirklich? Der Zug fuhr zurück?"
„Nolens volens, Mom!"
„O tempora, o mores! Und wie war's sonst so?"
„Nolite a me! Altmaier fand den Dialog echt Scheiße, für Lindner sind wir noch zu klein und haben keine Ahnung, für Scheuer sind wir zu doof, sollen aber Helme tragen, Schulze musste zum Bahnhof, ein Arzt hat den Feinstaub kleingeredet und die Raucher bedauert, die Klöckner war nicht da, weil sie die Bienen vor Glyphosat und gleichzeitig Glyphosat vor Schulze schützen musste und Merkel lobte uns erst, um uns dann zu verdächtigen, russischer Gehirnwäsche anheimgefallen zu sein. Diem perdidi!"
„Und? Macht ihr weiter?"
„Ja sicher, Mom!"
„Wieder nächsten Freitag?"
„Nein, Mom, possum, sed nolo! Am nächsten Freitag fällt die Schule doch aus wegen der Zeugniskonferenz."
„Aber da brauchtet ihr ja nicht einmal zu schwänzen."
„Mom!! Wir schwänzen nicht – wir arbeiten vor oder holen nach!"
„Difficile est saturam non scribere . . ."

* alle **fett gedruckten** Zitate sind O-Ton

„Die Politik ist das Paradies zungenfertiger Schwätzer."

George Bernhard Shaw

König Kunde

Die geneigten Leserinnen und Leser meiner Geschichten wissen inzwischen, dass meine Frau und ich die Siebzig überschritten haben. Abgesehen von allerlei Zipperlein hier und mancherlei Wehwehchen dort prägt ein weiteres Merkmal die Generation, der wir angehören – wir kaufen gerne im Geschäft statt die Paketboten hin und her zu hetzen. In Amerika, so hat man uns schon mehrfach berichtet, ist das Kaufen in Geschäften Luxus pur. In kleineren Läden schreitet man über einen roten Teppich und wird von mindestens zwei Verkäuferinnen oder Verkäufer begrüßt, als wäre man seit Jahrzehnten miteinander befreundet. Ein Gläschen Prosecco zur Einstimmung ist obligatorisch, und in den großen Konsumtempeln sorgt eine orientalische Bauchtanzgruppe dafür, dass der Einkauf zu einem unvergesslichen Erlebnis wird. Wenn die Kundin die erstandene Seidenstrumpfhose am nächsten Tag wieder umtauscht, weil sie sie nur zu einem einzigen Theaterbesuch gebraucht hat, ist die Freundlichkeit des Verkaufspersonals nicht um einen Deut geringer.

Derlei Anwandlungen beim Personal sind in Deutschland eher unbekannt. Die kurzzeitige Beziehung zwischen Kunden und Verkäufer*innen ist meist von einer sachlichen, wertneutralen Höflichkeit geprägt – und der Umtausch von Seidenstrumpfhosen sowie von vornherein ausgeschlossen.

In Berlin, wo wir seit Jahren wohnen, sieht die Sache noch einmal ganz anders aus. Die sprichwörtliche Ruppigkeit der Bundeshauptstadt wird besonders von den legendären Busfahrern der Berliner Verkehrsbetriebe hochgehalten, und auch in den Geschäften und Restaurants muss man ein stabiles Selbstwertgefühl sein eigen nennen, wenn man nicht untergehen will.
Dabei wird die Berliner Schnodderigkeit in den meisten Fällen missverstanden. Sie ist nicht das, wonach sie sich anhört. Nehmen Sie zum Beispiel den Busfahrer der Linie X34. Eine junge Frau mit einem Kind steigt ein, zeigt ihr Ticket und sagt zum Fahrer: „Noch ein Kind, bitte!"
„Keen Problem", antwortet der, „ aber weeß Ihr Mann Bescheid? Ick will keen Ärger kriegen!"
Oder halten wir unser Ohr an eine Supermarkt-Kasse. Eine schier endlose Schlange steht hinter einer älteren Dame, die seit geraumer Zeit in ihrer Handtasche nach dem Portemonnaie sucht – und sucht – und sucht. Da ruft ein Herr ganz erstaunt:
„Ach, muss man hier etwa mit Jeld bezahln??"

An dieser Stelle will ich für die Berliner im Allgemeinen und die Berliner Verkäufer und -Innen eine Lanze brechen. Kürzlich waren meine Frau und ich wieder mal für den Wocheneinkauf in unserem Supermarkt. Man könnte natürlich den Einkauf auch online erledigen und sich die Sachen heimbringen lassen, aber wir lieben nun

einmal den direkten Kontakt zur Ware und zum Personal. Es gibt nichts Vergleichbares, wenn man in der Gemüse- und Obstabteilung erst einmal ein halbes Dutzend Avocados drückt und auf ihre Festigkeit überprüft, den gesamten Stapel Melonen um- und umschichtet, bis man die unterste beschnuppert und als die Richtige entdeckt oder die Äpfel einen nach dem anderen auf eventuelle Schwachstellen untersucht, um dann anschließend diese Woche doch lieber Bananen zu wählen. Das alles lag nun schon hinter uns und der Wagen war bereits ansehnlich gefüllt, als meine Frau zu mir sagte: „Wir brauchen noch Aufschnitt. Ich stelle mich an der Wursttheke an, hol du doch bitte in der Zeit für unser Sonntagsfrühstück den leckeren Keitumer Räucherlachssalat von *Gosch*. Du weißt ja, wo der steht."
Ich fuhr mit unserem Einkaufswagen in die Kühlabteilung zum Regal mit den diversen Meeresfrüchten von Sylt. Da, wo seit Jahren die Artikel der Firmen *Gosch* und *Mayo* stehen, fand ich eine unübersehbare Menge von Joghurt, Kefir, Schmand und Creme fraiche. Ich suchte dahinter, daneben und darüber – vergebens. Eine Angestellte, die mit der Regalpflege beschäftigt war und Schlagsahne platzierte, verwies mich auf den Nebengang, was mir irgendwie bekannt vorkam. Tatsächlich, dort fand ich in Augenhöhe alles von *Mayo* und *Gosch* – Garnelen in Dill, Flusskrebse in Curry, Eiersalat, Nordseekrabben, Heringssalat weiß und rot – nur keinen Keitumer Räucherlachs!

„Müsste aber!" beschied die Angestellte, „kuckense ma mehr links unten!"
Links unten fand ich rote Grütze.
„Vasteh ich nich! Abba ich bin hier nich für zuständich. Fragense ma meine Kollegin beim Käse, die macht auch den Fisch – dahinten die, das kleine Persönchen."
Am gegenüberliegenden Ende des Marktes sah ich eine tatsächlich nicht sehr große Angestellte, die in eines der zahlreichen Käseregale Frischkäse einräumte. Auf dem Weg dorthin überrollte mich beinahe ein hochbeladener Handhubwagen mit Gemüse und Obst, was ja bekanntlich sehr gesund ist, wenn man nicht gerade davon begraben wird.
„Vooorsicht ma bitte!" brüllte der Angestellte, schoss haarscharf an mir vorbei und verschwand mit seiner Palette in den Tiefen des Raumes. Ich erreichte das kleine kniende Persönchen und beugte mich zu ihr hinunter.
„Darf ich Sie mal was fragen?"
„Aber schischer!" antwortete sie und stand auf. Sie war wirklich klein, aber wahre Größe misst sich bekanntlich nicht nach Zentimetern.
„Wasch wollen Schie denn wischen?"
Ich muss wohl etwas verblüfft geschaut haben, denn sie fügte hinzu: „Isch war geschtern beim Tschahnartscht, müschen Schie wischen. Wasch kann isch für Schie tun?"
„Sind Sie auch für den Fisch zuständig?"
„Isch schortiere tschwar gerade den Käsche, aber isch

verschorge auch den Fisch, gantsch rischtisch."
„Das trifft sich gut. Ich hätte gerne von *Gosch* den Keitumer Räucherlachssalat."
„Ja, der fällt in meinen Tschuschtändigkeitschbereich. Der schteht dahinten im Regal."
„Nein, der ist leider nicht da, haben Sie den vielleicht noch im Lager?"
„Wenn der da nischt schteht, hab isch den nischt."
„Wann kriegen Sie den denn wieder rein?"
„Dasch kann isch Ihnen leider nischt schagen."
„Aber Sie sind doch für den Fisch – "
„Ja schon, aber da habe isch keinen Einflusch drauf. Wischen Schie, dasch wird allesch von der Firma *Mayo* eigenverantwortlisch geliefert. Kommen Schie morgen wieder. Nein, morgen ischt ja Mittwoch, kommen Schie Donnerschtag. *Mayo* liefert Donnerschtagsch."
„Liefert denn *Mayo* auch *Gosch*?"
„*Mayo* liefert allesch, wasch Schalat mit Fisch ischt."
„Danke, dann weiß ich Bescheid. Ich komm dann . . . . "
Ich blickte zur Wursttheke. Meine Frau war nicht mehr da und suchte mich wahrscheinlich schon beim Keitumer Räucherlachs, wo aber nun der Joghurt stand. Ich wollte zurück, kam aber nur zwei Schritte weit.
„Wischen Schie", ertönte es in meinem Rücken und eine kleine Hand hielt mich am Ärmel fest, „wenn isch dem von *Mayo* morgen schage, isch will den Räuscherlackschschalat von *Gosch* – nee, morgen ischt ja Mittwoch – wenn isch dem am Donnerschtag schage, isch

hätte gern den Räuscherlackschschalat von *Gosch*, dann tscheigt der mir einen Vogel."

„Alles klar, ich weiß Bescheid. Ich warte auf *Mayo*."

Ich riss mich los und beschleunigte mein Tempo. Sicher vermisste mich meine Frau inzwischen, aber das kleine Persönchen überholte mich rechts und stellte sich mir in den Weg.

„Wenn isch dem schage, isch will den Räuscherlacksch, wischen Schie, wasch der dann tschu mir schagt? Dann schagt der tschu mir, dasch lasch mal meine Schorge schein, schagt der tschu mir."

„Alles klar! Ich hab verstanden!"

Ich machte mit meinem vollen Einkaufswagen ein riskantes Ausweichmanöver nach links, touchierte dabei eine Palette mit stillem Wasser in hundert einskommafünf-Liter-Gebinden, die dadurch umfielen und teilweise zerbarsten, was aber nicht so schlimm war, weil ein Hubwagen – **„Voooorsicht ma bitte!!"** – mit Toilettenpapier der verunglückten Palette nicht mehr ausweichen konnte und seine Ladung in den See aus stillem Wasser verlor. Die Saugfähigkeit des vierlagigen Toilettenpapiers ist wirklich beachtlich. Wir nehmen seit Jahren nichts anderes. Gut und günstig eben.

Ich gewann an Fahrt und vergrößerte die Distanz, aber das kleine Persönchen kannte sich in dem Labyrinth der Supermarkt-Gänge natürlich besser aus als ich. Sie wählte eine Abkürzung, preschte plötzlich hinter dem Verkaufsständer mit Eiern aus Boden- und Freilandhaltung hervor und stellte sich mir mit ausgebreiteten Armen in den Weg.

„Wenn isch dem von *Mayo* schage, er scholl näschten Donnerschtag von *Gosch* den Räuscherlackschschalat mitbringen, dann schagt der tschu mir, halt disch darausch, schagt der dann."

Ich bremste abrupt, riss den Wagen nach rechts herum, kollidierte dabei aber leider mit den Eiern aus Boden- und Freilandhaltung, was selbigen nicht gut bekam. Da entdeckte ich meine Frau, die mich jetzt bei den Süßigkeiten suchte – wieso eigentlich bei den Süßigkeiten? Ich umrundete das kleine Persönchen und bretterte auf die Kassen zu.

„Lauf!!" schrie ich meiner Frau zu. **„Lauf schnell!! Zum Ausgang, schnell!!"**

Meine Frau hatte mich nun entdeckt, winkte mir zu und kam mir fragenden Blickes entgegen.

Die kundenfreundliche Angestellte ließ sich nicht abschütteln. Sie sprintete hinter mir her, rutschte aber auf dem Glibber der zerbrochenen Eier aus, verlor dadurch ihre Balance und fand sich in Bodenhaltung wieder.

„Schie müschen wischen, wir lieben Lebenschmittel!" rief sie, „ wenn der von *Mayo* den Räuscherlackschschalat von sisch ausch mitbringen würde, scholl isch dann für Schie tschwei Portschionen reschervieren?"

„Ist schon gut, ich komme drauf zurück", antwortete ich über meine Schulter zu ihr hinunter und glaubte mich bereits in Sicherheit, als sie mich mit ihrer rechten Hand

an meinem linken Hosenbein erwischte. Ich geriet ins Straucheln, schlug hin und gab dem vollen Einkaufswagen im Fall einen gewaltigen Schubs. Er rollte durch eine unbesetzte Kasse, verfolgt von meiner Frau, die ihn aufzuhalten versuchte.
„Haaalt! Haltet sie auf, die hat nicht bezahlt! Securityyy! Securityyy! Aufhalten!!" brüllte der Filialleiter, der hinter der Eier-Palette aufgetaucht war, wurde aber sofort von seiner Angestellten auf den wahren Sachverhalt aufmerksam gemacht.
„Nein, Scheff, dasch ischt ein Mischverschtändnisch. Der Kunde intereschiert schisch nur für den Räuscherlackschschalat von *Gosch*, und die Dame mit dem führerloschen Einkaufschwagen ischt scheine Frau."
Bevor ich mich wieder aufrappeln konnte, war die Verkäuferin bereits auf den Beinen und sprang rittlings auf meinen Rücken.
„Machen Schie schisch keine Schorgen, Schie können gansch beruhigt schein, mir macht dasch gar nischtsch ausch. Wenn der von *Mayo* kommt, bearbeite isch den scholange, bisch er mir den Räuscherlackschschalat liefert, da kenne isch nischtsch."

Am Ausgang stoppten derweil die beiden Security-Männer, die uns seit Jahren immer so freundlich begrüßen und verabschieden, sowohl meine Frau als auch den Einkaufswagen und geleiteten beide zum Büro. Dort trafen wir – der Marktleiter, die Freilandeier-verklebte, aber ungebrochen kundenfreundliche Angestellte und ich – alle zusammen und warteten auf die Polizei, die der Wachschutz in vorauseilendem Gehorsam informiert hatte.

„Schie können schisch auf misch verlaschen", versicherte uns das kundenfreundliche Persönchen und wischte sich den Glibber aus dem Gesicht, „schobald der von *Mayo* bei unsch aufkreutzscht, beschtell isch für Schie tschwei Doschen Räuscherlackschschalat von *Gosch*!!"

„Beim nächsten Mal nimmst du einfach das, was da ist", flüsterte mir meine Frau zu, „die Garnelen in Dillsoße hätten es doch auch getan."

Der Richter macht uns ein halbes Jahr später darauf aufmerksam, dass der Tatbestand des Mundraubes seit dem Jahr 1975 abgeschafft ist und es sich deshalb bei unserem Vergehen um einen veritablen Ladendiebstahl handelt – oder doch wenigsten um den Versuch eines solchen. Zumindest dem Anschein nach. Auf jeden Fall aber schlägt die Sachbeschädigung – die zerborstenen Wasserflaschen, die vollgesogenen Toilettenpapierrollen und die zerbrochenen Eier aus Boden- und Freilandhaltung – voll zu Buche. Nach Anhörung meiner Schilderung des Tathergangs und der Beweggründe für meine Flucht ruft er die einzige Zeugin auf.

„Sie müssen wissen, Herr Richter", sagt sie ohne Zischlaute, weil sie inzwischen ein neues Gebiss bekommen

hat, „ wir lieben Lebensmittel und bei uns ist der Kunde König. Und für meine Kunden gebe ich alles – alles gebe ich für die. Selbst wenn der von *Mayo* sagt, ich soll mich da raushalten. Das würde mich nichts angehen. Das wäre seine Sache. Dieser Herr hier fragte mich nach Räucherlachssalat von *Gosch* . . ."
Nach ihrer knapp sechzigminütigen Aussage erkennt der Richter auf Notwehr.
Freispruch!!

Youtube

„Ich bin jetzt Youtuber."
Mein Freund grinst mich stolz an. Er weiß nicht, dass er eigentlich ziemlich einfältig aussieht, wenn er grinst, aber jetzt wirkt sein Grinsen regelrecht dämlich. Ob das an Youtube liegt? Ich sag's ihm aber nicht.
„Und was bedeutet das?" frage ich ihn.
„Ha, ich informiere mich jetzt über mein Smartphone. Da kriegst du täglich dutzende Videos mit Hilfestellungen in allen Lebenslagen!"
„Aha! Und welche zum Beispiel?"
„Also erstmals aufmerksam geworden bin ich durch diesen blauhaarigen Rezo, der mir gesagt hat, ich soll nicht CDU, SPD und AfD wählen, sondern mich für den Klimaschutz entscheiden."
„Ist ja toll!! Und welche Partei hast du gewählt?"
„Na hör mal, das war eine geheime Wahl, das werde ich doch dir nicht auf die Nase binden!!" entrüstet er sich.
„Du lässt dir also von einem blauhaarigen Twen vorschreiben, wen du wählst?"
„Wen ich **nicht** wähle! Das ist ein Unterschied!"
„Also jetzt mal im Ernst, du hast doch immer die Sozis gewählt. Fällst du deiner eigenen Überzeugung jetzt in den Rücken? Wenn das Willy wüsste!!"
„Nun reg dich ab, natürlich hab ich die SPD gewählt – obwohl sie es eigentlich nicht verdient hat, das musst du zugeben. Aber auf Youtube kriegst du noch ganz an-

dere Sachen erzählt. Hast du Blattläuse?"
„Ob ich **was** habe?"
„Blatt-läu-se!"
„Ich habe eine Loggia, ich habe Blumenkästen, ich habe Blumen – also habe ich auch Blattläuse! Warum fragst du danach?"
„Weil – kürzlich bekam ich ein Video von Sören. Sören hatte eine Oma. Er gibt Ratschläge zu allen möglichen Problemen, alles Tipps, die seine Oma ihm offenbar kurz vor ihrem Tod verraten hat. Diesmal hatte er die Blattläuse aufs Korn genommen."
„Ja und? Was hast du mit Sörens Blattläusen zu tun?"
„Auch **ich** habe einen Balkon, auch **ich** habe Blumenkästen auf dem selbigen, und auch **meine** Blumen haben Blattläuse. Also war ich gespannt darauf, was Sören beziehungsweise seine Oma dazu zu sagen hätte."
„Und was hat er gesagt?"
„*Hallo, willkommen zu einem neuen Video. Du willst altes Omas Wissen nutzen, um Blattläuse zu verscheuchen? Dann zeig ich dir, wie das geht, in einer neuen Folge von – Sören erklärts!*" (Sic!)
„**Altes Omas Wissen**?? Hat er das wirklich gesagt??"
„Ja, wenn ich's dir sage!"
„Und weiter?"
„*Was unser Oma schon wusste, dass es Hausmittel gibt, um Schädlinge zu bekämpfen, und warum sollte man alte Hausmittel nicht nutzen?*" (Sic!)
„Ist der mit dir verwandt?"

„Du meinst, weil er von *unserer* Oma spricht? Ja, das frage ich mich auch. Ich habe schon meine alte Mutter gefragt, ob es in unserer Familie einen Sören gibt, der sächsisch spricht und sich mit Blattläusen auskennt, aber sie meinte nein, obwohl sie bei intensiverem Nachdenken auch nicht ausschließen wollte, dass mein Vater sich irgendwann mal auf außerehelichen Abwegen befunden haben mochte – aber in Sachsen?? Na, jedenfalls hat Sören dann verraten, was unsere Oma gegen Blattläuse in petto hatte: Kaffee, kalten Kaffee!"
Und nun schildert mir mein Freund in epischer Breite, wie er nach Sörens Omas Anweisungen den Kaffee gekocht, ihn kalt werden gelassen, in eine Sprühflasche gefüllt und damit dann seine lausigen Blumen eingesprüht hat.
„Und? Hat das Hausmittel deiner Oma gewirkt?"
„*Meiner* Oma?! Na egal, Pustekuchen. Die Läuse haben den Kaffee mit einer Begeisterung gesoffen, das kannst du dir gar nicht vorstellen!"
„Und dann?"
„Ein paar Tage später sah ich ein Video von Dieter. Er erzählte mir, dass unsere Oma Blattläuse immer mit einem Sud aus Zigarettenkippen bekämpft hat."
„Du scheinst einer Großfamilie anzugehören", kann ich mir nicht verkneifen, „noch eine Oma!! Warum denn Kippen und keine ungerauchten Zigaretten?"
„Weil die Giftstoffe im Filter sitzen!"
„Und woher hattest du die Kippen? Du bist doch Nicht-

raucher, soviel ich weiß."
„Das war gar nicht so schwer. Ich habe mir alte Klamotten angezogen, bin dann mit einem Pappbecher über die Bürgersteige in unserem Kiez gekrochen und hab die Kippen aufgesammelt. In Zeit von nix hatte ich den Becher voll – und nebenbei von den Passanten noch einen Beutel mit Einweg-Plastikflaschen und fünf Euro zweiunddreißig. Die haben mich für einen Obdachlosen gehalten."
„Was haben denn deine Blattläuse zu *diesem* Hausmittel gesagt? Bist du sie losgeworden?"
„Ja denkste!! Ich konnte zuhören, wie die das Zeug lustvoll inhaliert haben!"
„Und was jetzt?"
„Ich hab doch gesagt – ich bin jetzt Youtuber. Ich habe ein Video gedreht. Musst du dir mal anschauen. Ist ganz witzig."
„Was erzählst **du** denn den Leuten?"
„Ich suche Tauschpartner. Ich suche für meine Oma und mich Blattläuse, die Tee trinken und Nichtraucher sind. Dafür biete ich eins a Blattläuse, die Kaffee saufen und Kette rauchen. Irgendwie werde ich diese Biester bestimmt mal los."

Ziemlich beste Freunde

Wissen Sie, was LAOM ist? Oder RAOL?
Richtig! LAOM und RAOL sind Gesichtsmuskeln.
Mit dem **L**evator **A**nguli **O**culi **M**edialis ziehen Sie die Augenbrauen hoch und mit dem **R**etractor **A**nguli **O**culi **L**ateralis ziehen Sie den schläfenseitigen Lidwinkel zu den Ohren, was Ihnen Mandelaugen beschert und somit ein asiatisches Aussehen verleiht.
Aber nicht nur Sie tun das! Nein, unsere ziemlich besten Freunde, die Hunde, tun das auch. Das haben Wissenschaftler neulich festgestellt.
Nun, dass Hunde im Laufe ihres Zusammenlebens mit uns die Physiognomie ihres Herrchens oder Frauchens annehmen, wissen wir längst. Jeder kennt den Witz, wo eine englische Bulldogge auf der Fensterbank sitzt und Clementine Churchill zu ihrem Mann Winston sagt: „Winston, nimm den Hund aus dem Fenster, die Leute grüßen dich."
Dass die Hunde aber die Augenbrauen hochziehen können, kam erst jetzt heraus. Wölfe können das nicht! Das hat zur Folge, dass Hunde uns anschauen wie kleine, unschuldige Kinder, und uns damit das Herz zerreißen. Mit diesem treudoofen Blick kriegen sie uns immer. Der Wolf schaut uns nicht so an, weil er es eben nicht kann. Er würde uns zwar auch kriegen, wenn er es darauf abgesehen hätte – nur eben anders.
Seit ungefähr 33.000 Jahren ist der Hund der treue Be-

gleiter des Menschen. In der Evolutionsgeschichte ist das ein Fliegenschiss. Wie also hat der Hund es geschafft, in dieser kurzen Zeit Gesichtsmuskeln zu entwickeln, die ihn befähigen, vom Menschen geliebt und nicht wie der Wolf gefürchtet zu werden?
Hat er sich das von uns abgeschaut?
Haben wir ihm das anerzogen?
Haben wir *ihn* domestiziert – oder er *uns*??
Egal – Hauptsache, es wirkt! Und das tut es in der Tat.
Wer kennt nicht die Geschichte von Krambambuli von Marie von Ebner-Eschenbach? Oder das Gedicht von Arthur Schopenhauer – oder Franz von Assisi – oder Konrad Adenauer (das Internet ist sich da nicht sicher):

„Dass mir der Hund das Liebste sei,
sagt du, oh Mensch, sei Sünde.
Der Hund blieb mir im Sturme treu,
der Mensch nicht mal im Winde."

Wer von uns kann sich einer gewissen Rührung erwehren, wenn er den Vers von Bernhard Kellermann liest:

„Seit einst die Treue aus der Welt verloren,
hat sie zum Sitz des Hundes Herz erkoren."

Wir sehen ein Frauchen oder Herrchen auf der Straße mit einem Rottweilerwelpen im Arm – und der kuuuckt uns an . . .
Sofort bricht es aus uns heraus: „Ooooch, kuckdochma wiederkuuuuckt. Och, isdersüüüüß!! Du, dermagmich."
Ein Jahr später begegnet uns das Frauchen wieder. Der Rottweiler ist inzwischen so groß, dass Frauchen auf

ihm reiten könnte, und wieder zieht er seine LOAM-Muskeln nach oben. Es scheint, er mag mich noch immer – aber wie jetzt? Mehr emotional oder kulinarisch? Die Speichelfäden, die ihm bei meinem Anblick von den Lefzen tropfen, lassen trotz seines treuen Blicks eher das Letztere vermuten.
Der unvergessene Victor von Bülow, besser bekannt als Loriot, hat einmal ernsthaft behauptet, ein Leben ohne Mops sei möglich, aber sinnlos.
Mir steigen die Tränen in die Augen – also nicht wegen dieses Zitats! Nein, ich bin gerade in einen der berühmt-berüchtigten Berliner Hundehaufen getreten, die unsere Bürgersteige zieren. Ich könnte heulen vor Zorn!!
Aber das gehört eben auch dazu, denn der Ausspruch „Ach, scheiß doch der Hund drauf" ist uns allen ja ebenfalls seit fast hundert Jahren geläufig.
Aber ich schweife ab.
Das wissenschaftliche Ergebnis, dass der Wolf – Canis Lupus – nicht treudoof gucken kann, weil ihm leider die LAOM-Muskeln fehlen, wirft noch eine ganz andere Frage auf: Wie hat er Rotkäppchen täuschen können???
Wir erinnern uns: Rotkäppchen wird von seiner Mutter zur Großmutter geschickt. Die alte Dame ist kränklich und wohnt im Wald unter den drei Eichen. Sie bedarf eines Kuchens und einer Flasche Rotwein, um wieder auf die Beine zu kommen – aus Sicht der Schulmedizin wohl eher etwas fragwürdig, aber wer kennt sich heutzutage schon noch mit den alten Hausmitteln aus?

Rotkäppchen hat also eine halbe Stunde Fußweg durch den Wald vor sich. Mittendrin begegnet sie dem Wolf – vor einigen Jahren selbst für fantasiebegabte Menschen unvorstellbar, heute aber dank der Wiedereingliederung des Canis Lupus in den deutschen Wäldern gang und gäbe. Der Wolf begrüßt das Mädchen – hä? – und Rotkäppchen grüßt artig zurück.
Hier sind erste Zweifel angebracht. Wieso kann Lupus sprechen?
Er will nun von Rotkäppchen wissen, was sie unter ihrer Schürze hat. Ja, was haben junge Mädchen und Frauen denn darunter? Woher kommt denn wohl der Begriff ‚Schürzenjäger?'
Hier tauchen die nächsten Zweifel auf: Will der Wolf vielleicht das Rotkäppchen gar nicht *fressen*?
Hat er ganz andere Gelüste?
Nun, die Brüder Grimm behaupten, der Wolf hätte Rotkäppchen überredet, für die Großmutter einen Blumenstrauß zu pflücken. Er sei währenddessen zum Haus der Oma geeilt, hätte gerufen – hä? –, er sei Rotkäppchen und hätte die Großmutter dann verschluckt.
Also ehrlich . . . das ist doch Bullshit!!
Dann hätte er sich Omas Nachthemd und die Betthaube aufgesetzt und sich statt ihrer ins Bett gelegt.
Geht's noch?
Kurz darauf kommt Rotkäppchen, tritt an das Bett ihrer Großmutter und fragt allen Ernstes, warum sie so große Augen hat.

Ja, leck mich doch!! Ist das Kind deppert?? Es kann einen Wolf nicht von seiner Oma unterscheiden?? Und – jetzt kommen wir zum wissenschaftlichen Ergebnis der Gesichtsmuskel-Vergleiche zwischen Hund und Wolf zurück – wieso fragt Rotkäppchen, warum seine Oma mit Wolfsvisage „so große Augen" hat. Dem Wolf fehlen die LOAM-Muskeln, der kann gar keine großen Augen haben, verdammt noch mal!!
Das Märchen muss eine Metapher sein! Der Wolf ist gar kein Wolf, sondern ein Sittenstrolch. Sittenstrolche sind augenscheinlich Menschen wie du und ich mit LOAM-Muskeln, mit denen sie die Augenbrauen hochziehen und treudoof gucken können – wie Dackel.
Die Botschaft ist klar: Kleine Kinder sollen sich nicht von treuherzig blickenden Wölfen anquatschen lassen. Großmütter wohnen zwar nicht mehr im Wald, sondern weit weg in Städten und sind meistens fit wie ein Turnschuh und dauernd auf Achse, vorzugsweise mit Kreuzfahrtschiffen. Oder sie wandern von einem Wartezimmer zum anderen, weil sie krankenversichert sind und freie Arztwahl haben. Da sie leider Kuchen und Wein nicht auf Rezept bekommen, fällt diese Medikation fort. Keine kleine Enkelin mit roter Samtkappe – hä? – muss also heute mit Selbstgebackenem und Alkohol durch einen Wald zur Oma wandern und sich mit pädophilen Wölfen unterhalten.
Die Märchen sollten umgeschrieben werden.

*„Oft ist Satire Wirklichkeit.
Noch öfter ist jedoch die Wirklichkeit
reinste Satire."*

Stefan Wittlin

Hüte

Mein Vater hat zeit seines Lebens behauptet, er habe kein Hutgesicht. Wie ich jetzt darauf komme?
Nun, seit über vier Wochen haben wir Tag für Tag tropische Temperaturen. Unser Fixstern, von kaum einer Wolke getrübt, strahlt von morgens bis abends auf unsere behaarten oder blanken Häupter. Da kommt man zwangsläufig auf die Idee, dass es nicht verkehrt sein könnte, sich mittels einer Kopfbedeckung vor der direkten Sonnenstrahlung zu schützen – wenn man unbedingt seine halbwegs schattige Behausung verlassen muss, um zum Beispiel die letzten Reste Mineralwasser aufzukaufen. Leider stelle ich an diesem Punkt fest, dass mein Vater mir neben seiner Physiognomie im Allgemeinen auch eine Besonderheit vererbt hat:
Ich habe kein Hutgesicht!
Nun hat es ja schon in meiner Kindheit hin und wieder mal richtig heiße Sommer gegeben, obwohl damals kein Mensch vom Klima, geschweige denn vom *Klimawandel* gesprochen hat. Ich weiß nicht einmal genau, ob man in den Fünfzigerjahren überhaupt wusste, dass es ein Klima gab. Jedenfalls wollte ich wissen, was mein Vater mit seinem Anti-Hutgesicht gegen die Hitze getan hat. Da er schon in jungen Jahren eine „Plääte", also eine sehr hohe Stirn hatte – er behauptete immer, sein früh einsetzender Haarausfall hätte ursächlich mit dem zwangsläufigen Tragen eines Stahlhelms von 1939 bis

1945 zu tun, wäre also letztendlich Adolf Hitlers Schuld – und deshalb der Sonneneinstrahlung ungeschützt ausgesetzt war, muss er ja irgendeine andere Möglichkeit der Kopfbedeckung gefunden haben. Ich erinnerte mich an die Fotos meiner Kindheit, die von meiner Mutter von allen Lebensabschnitten akkurat in ein Album geklebt und von meinem Vater preußisch exakt beschriftet wurden – mit weißem Stift auf schwarzem Karton.

Ja, es gab sie noch. Die Fotos von *mir* waren Anlass zu ungezügelten Heiterkeitsausbrüchen meiner geliebten Frau, die sich köstlich amüsiert zeigte über den kleinen Kerl mit den Spitzöhrchen. Die Bilder aber, die hin und wieder *meinen Vater* zeigten, irritierten mich total. Mein Vater hatte einen Hut besessen. Allerdings sah er auf den Fotos aus wie ein Leibwächter von Al Capone. Auf Urlaubsbildern in Österreich hingegen trug er zu seinen langen Hosen – er lehnte Shorts strikt ab und verspottete Männer, die kurze Hosen trugen, als Störche im Salat – ein Taschentuch auf dem blanken Haupt, was er mit Knoten an den vier Ecken zu einem festen Halt zwingen wollte. Das funktionierte aber leider nur unzureichend und bei Wind gar nicht.

Als mich mein Vater mit Hut aus dem Album anstarrte, erinnerte ich mich daran, dass ich vor ungefähr zehn Jahren auch ganz plötzlich das Gefühl hatte, mir einen Borsalino anschaffen zu müssen. Irgendwie, dachte ich, wäre ein solcher Klassiker auf meinem inzwischen etwas schütteren Haar Ausdruck von Altersweisheit und

Würde. Würde er mir stehen? fragte ich mich. Die Verkäuferin bejahte meine stille Frage ungefragt vehement. Immerhin kostete der schwarze Hut mit weißem Seideninnenfutter damals an die 300 Euro. Dafür muss eine Putzmacherin – heute heißen sie Modist*innen – schon mal intensive Überzeugungsarbeit leisten.
Meine Frau war anderer Meinung.
„Der Päng steht dir nicht! Du hast kein Hutgesicht – wie dein Vater!"
„Aber das ist kein Päng, das ist ein Borsalino!"
„Ich weiß, dass das ein Borsalino ist, und es tut mir auch Leid für den Hut, aber auf dir ist er ein Päng!"
Merkwürdigerweise hießen in der Familie meiner Frau alle Hüte „Päng" – fragen Sie mich nicht, warum.
Nach wenigen Wochen habe ich den Borsalino meinem Freund geschenkt. Den Ausschlag gab eine gute Bekannte, die – nachdem ich vor ihr zur Begrüßung den Hut gezogen hatte – auf den tiefroten Rand um meinen Kopf herum zeigte und fragte, ob ich skalpiert worden wäre. Wenn ich darüber nachdenke, fällt mir auf, dass ich meinen Freund auch schon lange nicht mehr mit dem schwarzen Borsalino gesehen habe, obwohl der zu dem weißen Kaftan, den er in der Sommerhitze trägt, fantastisch passen würde.
Nach dem Borsalino versuchte ich, das Problem der notwendigen Kopfbedeckung mit einer Baseball-Cap zu lösen. Das ging beim ersten Mal ganz gut, bis ich auf einer Fahrt nach Warnemünde die Kappe in einem Re-

gionalexpress absetzte – im Zug schien erfreulicherweise keine Sonne, dafür war die Klimaanlage kaputt – und dann im Gepäcknetz liegen ließ. Wenn sie keiner gefunden hat, fährt sie heute noch ständig von Wünsdorf-Waldstadt nach Warnemünde und zurück.
Auch die zweite Kappe versah zuverlässig ihren Dienst, hatte allerdings den Nachteil, dass sie anlässlich einer Inseltour nach Norderney auf einer Dünenbank liegenblieb, während ich mit meiner Familie nach einer kurzen Rast zur Fähre wanderte. Ich habe ihr das nie verziehen, kann mich aber leider mit meiner Frau über meine Enttäuschung über dieses ehrvergessene Miststück nicht mehr austauschen, weil sie der Meinung ist, ich sei das doch selbst schuld, weil ich immer alles liegen lasse.
Die dritte Kappe hat es trotz ständiger Beobachtung, ob sie da sitzt, wo sie hingehört, nämlich auf meinem Kopf und nur da! nicht lange bei mir ausgehalten. Bei einer Schiffstour auf dem Scharmützelsee bei völliger Windstille und praller Sonne hat eine einzige Windsbraut gereicht, sie mir zu entführen und in den See zu wehen. Aber das war ja eigentlich zu erwarten, trägt doch der See die „Mütze" in seinem Namen. Dass er auch meinen „Harm" über den Verlust beinhaltet, sei hier nur am Rande erwähnt. Meine Frau wollte angesichts meiner Trauer aber nur wissen, warum ich sie nicht festgehalten habe. Aber wie sieht denn das aus – stundenlang die rechte Hand am Mützenschirm . . .

Meine vierte Baseball-Cap liegt jetzt zu Hause auf der Garderobe. Ich setze sie nicht mehr auf, dann kann ich sie auch nicht verlieren.

Thomas Hollmann, Redakteur und Kolumnist beim Rundfunk BerlinBrandenburg, hatte kürzlich eine Idee, so grandios, dass ich es außerordentlich bedauere, sie nicht selbst gehabt zu haben.

Er erzählte in der morgendlichen Kolumne „100 Sekunden Leben", er hätte aus gegebenem Anlass im Internet unter „Hut" recherchiert und wäre auf „Pizza Hut" gestoßen. Er hielte diese Möglichkeit, sich zum Schutz vor der mörderischen Sonnenhitze eine *Margherita* auf den Kopf zu legen, allerdings für wenig hilfreich, weil zu befürchten wäre, dass sich die Pizza nach wenigen Stunden wie ein durchweichter Lappen über Augen und Ohren stülpen würde. Auch ein „Panama" aus Stroh oder Papier brächte nichts, denn beim nächsten Starkregen, mit dem man ja immer rechnen müsse, wäre die Herrlichkeit sofort hin.

Ich werde es also dann mit dem Vier-Knoten-Taschentuch versuchen müssen. In Berlin ist alles möglich . . . .

Da fällt mir noch eine Hut-Anekdote aus Amerika ein: Vor Jahren gab es beim FBI die Kleidervorschrift, dass alle Agenten einen Panama trugen mussten. Wenn also im Hochsommer keiner eine Kopfbedeckung trug und plötzlich Männer mit Hüten auftauchten, wusste jeder Gangster, dass Jerry Cotton im Anzug war . . .

*„Schwer ist's,
eine Satire **nicht** zu schreiben."*

Juvenal

28 x 1 = 0
... noch eine Realsatire

„Und wer hat jetzt gewonnen?"
„Na, die Konservativen!"
„Aber nur ganz knapp, Jean-Claude."
„Hört, hört!"
„Dann wird also jetzt unser Mann Präsident."
„Ich hör immer ‚Mann'. Wieso nicht ‚Frau'?"
„Weil die Kandidatin ein Mann war, hahaha!"
„Blödes Macho-Getue. Also, wer kriegt jetzt den Präsidenten-Posten?"
„All right: The winner takes it all!"
„Aber nicht wieder tanzen, Theresa! Wie auf deinem Parteitag!"
„Über welchen Präsidentenposten reden wir hier eigentlich, kann mir das mal einer sagen? Theresa??"
„Oh, my dear, I think, we tell about the new commission president, of course?!"
„Ich bin mir nicht sicher. Wer wird denn dann Ratspräsident? Das muss doch auch einer machen."
„Wieso ‚einer'? Das könnte doch auch mal ‚eine' werden, oder spricht da was gegen? Emmanuel, sag du doch auch mal was!"
„Oui, Pedro, abär isch 'alte misch da 'eraus!"
„Der Sieger wird's, der Manfred, das ist alternativlos!"
„Non, ma Cherie, diesär 'err wird das nischt! 'öchstens übär meine Leische!"

„Und wer soll dann Parlamentspräsident werden? Hast *du* einen Vorschlag, Giuseppe?"

„Isch weiß-e nisch! Salvini ruft-e misch an auf Telefonino und-e schreit-e misch an; mach-e diess-e oder mach-e dass-e! Porca miseria!!"

„Dann macht's eben der Frans!"

„Nem, köszönöm szépen!"

„Was hat Victor gesagt?"

„Nein, vielen Dank!"

„Was ist denn mit dir los, Victor? Soll's die Margrethe machen?"

„Nem, nem , nem, egyiket sem!"

„Was meint Victor?"

„Nein, nein, nein, weder noch!"

„Mateusz will den Frans auch nicht. Wo kommen wir denn da hin, wenn der Zweite plötzlich der Erste wird?"

„Reden wir jetzt vom Kommissionspräsidenten oder vom Ratspräsidenten?"

„Ratspräsident ist doch der Donald!"

„Aber nicht mehr lange!! Was sagst du, Victor?"

„Köszönöm, jól vagyok!"

„Was hat er gesagt?"

„Der kleine Diktator hat gesagt, es geht ihm gut."

„Das will 'ier keinär wissen, Monsieur Orbán!! Ob es I'nen gut ge't odär schlescht, interessiert 'ier keinen in diesäm 'ause!"

„Nyalj meg, Macron!"

„Läcken Sie sisch selbst, Monsieur!"

„Soll's denn nun der Frans machen oder wer?"
„*Was* soll er machen? Kommission oder Parlament?"
„Vielleicht erst mal Frühstück. Donald hat frische Brötchen geholt und macht gerade Kaffee."
„Oh darling, may er have a cup of tea?"
„Theresa will Tee. Mark hat dreißig Eier gekocht – von Holländern."
„?También son de libre funcionamiento?"
„Ti simainei o Pédro?"
„Was meint Alexis?"
„Alexis fragt, was Pedro meint."
„Und was meint Pedro?"
„Ob die auch freilaufend sind."
„Natürlich laufen die Niederländer frei rum!"
„Non, Angela, er meint die 'ühner. Das sind 'olländische 'auben'ühner, Cherie."
„Nie lubię jajka!"
„Was meint Mateusz?"
„Er mag kein Ei!"
„Mark, ein Ei weniger!!"
„Wie wäre es denn, wenn Frans die Kommission übernimmt und Manfred das Parlament, aber nur für zweieinhalb Jahre, und dann tauschen die beiden, und dafür macht Margrethe den Rat und Jens die EZB?"
„Porca miseria! Nonono! Wenn-e Jens-e Weidmann-e den Draghi ablösen soll-e, nagelt-e misch Salvini ans Kreuz-e!"
„Vielleicht könnte Andrej mit seinen unrechtmäßig er-

haltenen EU-Geldern dafür sorgen, dass einer der Spitzenkandidaten auf irgendein Amt verzichtet . . . ?"
„Oh, my dear, you can buy candidates? If it's possible, buy me a candidate for the prime minister, please."
„Nein, Theresa, den kauft der Babis dir *nicht*, den müsst ihr Briten euch schon selbst besorgen. Außerdem – du bist sowieso bald draußen. Denk an den Brexit."
„Und wenn der Manfred nun doch . . ."
„Sacrebleu! Nom d'un chien! Bordel de merde!"
„What are you saying, Manuel?"
„Emmanuel hat gesagt ‚Himmelsakrament! Zum Teufel nochmal! Himmel, Arsch und Zwirn!' In dieser Reihenfolge."
„Oh, my dear, that's not the fine English way!"
„Emmanuel ist Franzose!"
„Jedereen weet dat!!"
„Was hat Mark gesagt?"
„Das weiß doch jeder."
„Ich nicht! Sonst hätte ich ja nicht gefragt!!"
„*Mark hat gesagt*: Das weiß doch jeder!!!"
„Was?"
„Dass Macron Franzose ist!"
„Ach so – das weiß doch jeder!"
„Aber wer wird denn nun Kommissionspräsident? Der Frans vielleicht doch? Dann könnte Kristalina die Ratspräsidentin – "
„Zádný Frans neni zadný!!"
„Ne iskam Kristalina!!"

„Was sagt Andrej?"
„Frans ist ein No-Go!"
„Und was meint Bojko?"
„Kristalina will er nicht."
„Kazdy inny chce rzucic?"
„Donald fragt, ob noch jemand ein Brötchen will."
„No, thank you so much, but may I have a cup of tea?"
„Nein, Theresa, hier gibt's nur Kaffee, wir sind hier auf dem *Festland*. Hier ist Kaffee alternativlos."
„Wie wär's mit Christine als EZB-Präsidentin? Dann könnte Manfred – "
„Und Margrethe könnte – "
„Frans könnte dann auch – "
„I'r könnt misch mal! Wir 'aben 'eute versagt. Der Rat und auch Europa 'interlassen une mauvaise impression. Die Union ist ein 'eillos zerstrittenär 'aufen."
„Wir denken einfach, dass wir mal 'ne Pause brauchen und dann vielleicht neue Einsichten haben."
„Perfetto, Angela, aber wer hat-e denn-e jetzt-e eigentlisch gewonnen . . . ?"

Die 28 Staats- und Regierungschefs der Europäischen Union tagten in Straßburg – mit einigen Unterbrechungen – vom 30. Juni bis zum 2. Juli 2019. Manfred, Frans, Jens, Margrethe und Kristalina spielten anschließend ebenso wenig eine Rolle wie das Spitzenkandidaten-Prinzip und das Wählervotum. Man einigte sich auf Personen, die vorher auf keiner Liste standen.

*„In der Politik ist es wie
in der Mathematik:
Alles, was nicht ganz richtig ist,
ist falsch."*

Edward Kennedy

Marotten

Natürlich wissen Sie, was eine Marotte ist. Die Marotte ist das französische Diminutiv des Namens Marie und ursprünglich die Bezeichnung für eine Stabpuppe beim Puppentheater. Im übertragenen Sinn wurde aus Marotte eine Schrulle oder seltsame Angewohnheit.
Und was ist ein Diminutiv? Das Diminutiv ist die grammatische Verkleinerungsform eines Substantivs. Das Gegenteil ist das Augmentativ, also die Vergrößerungsform. Diminutive dienen der Verniedlichung, zum Beispiel als Koseform, oder auch der Abwertung. Können Sie alles im Internet nachlesen.
Von Verniedlichung kann bei meinen Marotten keine Rede sein, meint meine Frau. Was ich – meistens beim Fernsehen – an den Tag lege, sind ihrer Meinung nach ganz gewaltige und veritable Macken oder Ticks – je nach Intensität.
Ich habe derer zwei. Der eine Tick geht so: Wir sitzen abends ganz entspannt vor dem Bildschirm und sehen uns zum Beispiel den Film ‚Allmen und das Geheimnis der Dahlien' an. Im Laufe der Geschichte tritt eine hübsche Frau ins Bild und entpuppt sich als Geschäftsführerin des Hotels. Da ich mir Namen von Schauspieler/innen – von einigen wenigen Ausnahmen mal abgesehen – einfach nicht merken kann, weiß ich natürlich nicht, wie die hübsche Frau heißt. Gut, ich kenne den Heino Ferch, der spielt den ‚Allmen', ich weiß, wie sein

Diener Carlo heißt, nämlich . . . . äh . . . Samuel . . . äh
. . . Rinzi . . .
„Nein", sagt meine Frau, „der heißt Finzi, mit Eff!"
Und die alte Hotelbesitzerin ist die Mutter von . . . wie
heißt die nochmal schnell . . . . die Tatort-Kommissarin
. . . sehen Sie, da geht es schon los!!
„Du meinst die Maria Furtwängler, und die Mutter ist
die Kathrin Ackermann, aber die ist das nicht. Das ist
die Erni Mangold, die war früher mal mit dem Heinz
Reincke verheiratet, aber jetzt sei doch mal ruhig, man
versteht ja nichts mehr."
Na gut, jetzt weiß ich, wer die Hotelbesitzerin ist, aber
das wollte ich gar nicht wissen. Mich quält die Frage,
wer die hübsche Geschäftsführerin ist – und vor allem,
in welchem Film wir die kürzlich gesehen haben.
„Das ist doch jetzt egal – ja, die haben wir kürzlich gesehen, aber jetzt sei doch mal still!"
Das sagt sich so einfach! Ich merke, wie's mir heiß vom
Steißbein den Rücken hoch kriecht. Ich gehöre zu den
Naturen, die Tadel brauchen, um angefeuert zu werden
und Gutes zu leisten. Lob lähmt mich. Das hat schon
Kaiser Wilhelm der Zweite gesagt, nur andersrum.
Ich hab das Gesicht der Schauspielerin ganz genau vor
Augen, mir liegt der Film sozusagen auf der Zunge –
aber ich komm nicht drauf. Du musst dich doch erinnern können . . . das war doch erst vor ein paar Tagen,
weißt du das nicht mehr? Das musst du doch noch wissen, sowas vergisst man doch nicht . . .

„Jetzt hab ich nicht gehört, was der Allmen gesagt hat. Hast du das mitgekriegt? Was hat der denn jetzt gesagt? Das war wichtig – ist doch auch egal, wo die mitgespielt hat, das fällt uns schon noch ein!"
Ich verstehe von dem Film echt sowieso nur die Hälfte und kann mich überhaupt nicht mehr konzentrieren, weil mir der andere Film einfach nicht einfallen will. Dabei war der gut, der war richtig klasse. Wen hat die Hübsche da bloß noch gespielt? Gib mir doch mal die Zeitung. Das muss doch da stehen, das war doch erst kürzlich.
„Du machst mich verrückt. Ich hab jetzt völlig den Faden verloren. Die Zeitung nützt dir doch auch nichts. Das war ein Film aus der Mediathek, der lief schon vor Jahren. Jetzt guck doch einfach mal den Allmen mit seinen Dahlien!"
Ich werde wahnsinnig!! Mein Blutdruck steigt!
Ich merke, dass mich eine ungeheure Unruhe erfasst. Wo – hab – ich – die – Dame – gesehen, verdammt noch mal?! Sag mal, hat die nicht auch schon mal bei Bella Block mitgespielt? Bella Block kennst du doch auch, oder? Hannelore Hooger! Kennen wir aus Bochum vom Theater. Ihre Tochter heißt Nina Hooger, weiß ich alles, hilft mir aber überhaupt nicht weiter. Da – guck mal, wenn die so guckt – wie in dem Film, der mir nicht einfällt, Himmelkreuzfixfetzen!!
„Ha, jetzt ist ‚Allmen' zu Ende und ich weiß nicht, wer denn nun eigentlich die Dahlien geklaut hat. Nur, weil

du keine Ruhe gibst. Wer war eigentlich der Kunstfälscher in dem Film?"
Welcher Kunstfälscher? Ach der, der die Fälschung als echt begutachtet hat? Das war der Uwe Samel. Das ist mir aber schnurzpiepe! Ich will wissen, wer die hübsche Schauspielerin ist und wo wir die gesehen haben.
„Jaa, richtig, der Samel. Den hätte ich gar nicht erkannt. Gott, was werden die Leute alle alt. Aber der heißt nicht Uwe, der heißt Udo! Frag doch mal das Wischwisch, wie die Schauspielerin heißt. Gib einfach ‚Allmen und das Geheimnis der Dahlien' ein und schon hast du die Darsteller!"
Wenn ich meine Frau und ihr Wischwisch nicht hätte – Sie wissen nicht, was ein Wischwisch ist? Wischwisch ist das Smartphone meiner Frau – Leser meiner Geschichten vom Wühltisch kennen das.
Also frage ich das Wischwisch und erfahre augenblicklich, dass die Schauspielerin Christina Hecke heißt. Sogleich rufe ich ihre Vita auf und scrolle mich durch eine endlose Filmliste, die alles aufzeigt, was sie mit ihrem hübschen Gesicht veredelt hat. Und endlich – im Jahre 2016 stoße ich auf den Filmtitel ‚Das beste Stück vom Braten'! Puuuh – jetzt fällt's mir wieder ein. Der witzige Film mit . . . äh . . . . Fritz . . . Karl und . . . . äh . . . Herbert Dings . . . und . . . du, wie heißt der noch: der Stiefbruder von . . . äh . . . na, du weißt schon, der Mann von . . . äh . . . Anna . . . Anna Loos . . . oder? Wo haben wir den zuletzt gesehen? Den . . Dings . . Martin . . . ?

Meine zweite Macke hat nur bedingt mit dem Fernsehen zu tun, nervt meine Frau aber nicht minder.
Wollen Sie wissen, was meine zweite Macke ist?
Also, ich gehe zum Beispiel mit meiner Frau über die Wilmersdorfer und sehe plötzlich . . . du, guck mal da hinten, da, neben der Laterne, der erinnert mich an den ehemaligen Mathelehrer unserer Tochter. Wie hieß der noch gleich?
„Nee, nicht schon wieder!" sagt meine Frau und verdreht die Augen. „Wen meinst du denn?"
Na, den da hinten, da, jetzt dreht er sich gerade um und spricht mit der Frau, die aussieht wie Christina Hecke (sehen Sie, ich hab den Namen behalten!!!).
„Die sieht doch nicht aus wie die Hecke. Und der Mann soll aussehen wie Herr Butt? Niemals!"
Doch, doch, wenn du dir die Frisur wegdenkst und das Gesicht ein bisschen älter . . . wie der Butt!
„Der da hat doch eine Glatze! Wie soll ich mir denn bei einem mit Glatze die Frisur wegdenken, der hat doch gar keine! Du mit deinem Ähnlichkeits-Tick. Die Frau sieht aus wie Lore Finneisen!"
Wer ist Lore Finneisen? Kenn ich nicht! Sieht die aus wie Christina Hecke?
„Nein."
Na, dann kann sie auch nicht Lore Finneisen sein, denn dann müsste die ja aussehen wie Christina, ist doch logisch, oder?
„Du machst mich wahnsinnig!"

Schlimm wird es – glauben Sie mir – wenn sich aus irgendeinem Grund beide Marotten zusammenrotten und gemeinsam auftreten. Zum Beispiel vor ein paar Monaten im Theater. Wir sehen uns einen witzigen Klassiker an – ‚Arsen und Spitzenhäubchen'. In der Pause stehen wir mit einem Glas Prosecco in der Hand im Foyer, und plötzlich trifft mich der Schlag, also natürlich nur im übertragenen Sinne.

Guck mal da vorne, da die Gruppe, da steht einer, der sieht aus wie der Schauspieler, der mit dem anderen Schauspieler, den wir manchmal bei Rewe treffen, du weißt schon, der mit der Lederjacke, der den Kommissar spielt, immer den Kommissar spielt. Wie heißt der denn noch?

„Wen meinst du denn jetzt?"

Na, den da, den etwas korpulenten Typ da rechts in der Gruppe, neben der, die aussieht wie die Schauspielerin, die wir auch mal hier im Theater gesehen haben mit dem Stück von Tennessee Williams.

„Nein, ich will wissen, welchen Kommissar du meinst."

Den Kölner, glaub ich.

„Ach, jetzt weiß ich, wen du meinst. Du denkst an den Klaus Behrendt, der den Max Ballauf spielt."

Ja, genau, den meine ich, also den meine ich *nicht*. Ich meine, der da vorne sieht aus wie sein Kollege, der . . . Freddy Schenk, und die Frau daneben sieht aus wie die Tochter von . . . na, die aus der Dynastie . . . Mutter, Tochter, Enkelin . . . wie die Tochter sieht die aus.

„Ach, du meinst den Dietmar Bär . . . . und die Anna Thalbach."

Jaaa, genau, guck doch mal, die sehen genauso aus, die beiden da vorne!

„Ja, das *sind* ja auch Dietmar Bär und Anna Thalbach!"
Ehrlich?? Ach deswegen!!

„Da fällt mir ein: Hast du schon gehört, wer gestern gestorben ist?" will meine Frau von mir wissen.

Nein, keine Ahnung. Wer denn?

„Frieder Burda!"

Waas, Frieda Burda? Ich dachte, die wäre schon tot.

„Nein, Frieda Burda gibt's nicht. F-r-i-e-d-e-r Burda. Der Kunstsammler."

Ja, Moment mal, die Frieda Burda hat doch die Modezeitschrift – die BRIGITTE hat die doch gegründet.

„Das war Aenne Burda, die Mutter von Frieder!"

Ach so, und *der* hat die Zeitschrift weitergeführt, oder?

„Nein, das ist Hubert, der Bruder von Frieder."

Aah, jetzt weiß ich! Das ist doch der Mann von der . . . äh . . . dieser Schauspielerin, die . . . äh –

Sehen Sie, es geht schon wieder los!

Meine Frau ist eine tolle Frau!! Aber merkwürdigerweise fehlt ihr ein ganz entscheidendes weibliches Attribut: Sie ist nicht neugierig. Sie will nicht wissen, wer wem ähnlich sieht und wer aussieht wie . . . äh . . .

Nur einmal, da hat sie genau gewusst, wen ich meinte und hat ihn auch gleich erkannt.

Das war an einem Abend vor gut zehn Jahren. Wir waren mit mehreren befreundeten Ehepaaren bei Brigitte und Carlo eingeladen, und im Laufe des Abends bat Carlo die Männer in die Kellerbar, um uns dort seine Whisky-Sammlung zu präsentieren. Vorher hatten wir fairerweise ausgelost, wer fahren musste, und die Damen hatten bedauerlicherweise leider alle verloren. Die Verkostung der edlen Tropfen nahm an Fahrt auf, und die Herrenrunde wurde lustiger und lauter.
Fragen Sie mich bitte nicht, wie ich nach Hause gekommen bin. Ich weiß es nicht, ich müsste lügen.
Irgendwann aber standen meine Frau und ich in einem Raum unseres Hauses, der mir zwar einerseits irgendwie bekannt vorkam, aber andererseits nicht wirklich. Das beunruhigte mich aber nicht sehr, allerdings fand ich es ziemlich befremdlich, dass dort noch ein anderer Mann anwesend war.
Samma – Mausi-put-ßi-lein – werisnderda?
Ich habe im Laufe meiner langjährigen Ehe meine Frau noch nie Mausiputzilein genannt. Fragen Sie mich bitte nicht, wie ich gerade jetzt darauf kam. Ich weiß es nicht. Ich müsste lügen.
„Wen meinst du denn?"
Kumma – derda – irgenwie – kennichden – denda! Jau – ey – denha-ich – schonnma – gesehn – ha-ichden! Kennßeden – Mau-siput-ßi-lein? Dersiehtso-auswie – äh – wie – äh – washatder – hier –ßusuchen – sachma!
„Meinst du den da im Spiegel? Das bist *du*!"

Evolution

„Was ist das für ein seltsam Wesen?
Davon hab ich nie gelesen.
Darf das vor die Tür?
Ist das vielleicht – so blond behaart –
eine spezielle Unterart
von dem Trumpl-Tier?

Es gebärdet sich wie wild,
schreit und tobt und grunzt und brüllt –
hör dir das mal an:
„Greatest nation on the earth" –
Sowas hört' ich nie, ich schwör's!
Rette sich, wer kann!

Ob das blonde Viech uns beißt?
Weiß hier jemand, wie es heißt?
Bitte sagt es mir."
„Nun, mein Lieber, diese Rasse
gehört zu Englands Upper-Klasse
und ist ein Brexi-Teer."

„Mit Satire sollte man keine Scherze treiben."

Wolfgang Mocker

Die Taube

Die Straße war menschenleer. Kein Wunder um diese Zeit, war doch die angeordnete Hometime schon seit mehr als zwei Stunden in Kraft. Vorne an der Kreuzung von Kaiserdamm und Königin-Elisabeth-Straße sah er Rotlicht flackern. Dort stand ein Kontrollfahrzeug der Protektorats-Garden. Denen sollte er besser nicht in die Hände fallen. Die strengen Ordnungshüter der Weltmacht würden sofort wissen, dass mit ihm irgendetwas nicht stimmte, denn sonst wäre er um diese Zeit gar nicht mehr unterwegs.

Er drückte sich an die Hauswände und bog rechts in eine schmale Seitenstraße ein. Bis nach Hause waren es auf der Hauptstraße nur noch wenige hundert Meter, aber den geraden Weg konnte er nun nicht mehr riskieren. Durch die Seitenstraßen war es gefahrloser, wenn es auch länger dauerte.

Er betastete vorsichtig seinen glattrasierten Schädel und fühlte den inzwischen angetrockneten Vogelschiss. Ein gewaltiger Klecks, von einer Taube im Geäst einer Kastanie geradewegs mitten auf sein Haupt platziert, hatte sein ganzes Leben auf den Kopf gestellt und ihn in völlige Verwirrung gestürzt. Er hörte keine STIMME mehr. Er erinnerte sich wieder. Er hatte ein Gedächtnis! Heute Mittag war seine Welt noch in Ordnung gewesen. In Ordnung?! Er blieb stehen und lachte verbittert. In Ordnung?! Was war daran in Ordnung, von morgens bis abends gesteuert und fremdbestimmt zu sein?! Und das nicht einmal zu *wissen*! Er erinnerte sich daran, heute Mittag den Befehl erhalten zu haben, ins Fußballstadion zu gehen und somit der Wochenend-Vergnügungs-Anordnung Folge zu leisten. Also war er – wie viele tausend andere Bürger – zum Stadion auf dem Maifeld gegangen und hatte sich das Spiel der zwei Stadtmannschaften angeschaut. Die Mannschaft des Vereins Eintracht West hatte gegen die Mannschaft von Eintracht Ost 2 : 1 gewonnen. Anschließend hatte die STIMME in seinem Kopf angeordnet, dass er sich im benachbarten Biergarten noch bei einem Glas Pils bis 19 Uhr zu amüsieren hätte. Danach wäre der Heimweg anzutreten, um spätestens um 20 Uhr pünktlich zu den Weltnachrichten zuhause zu sein. Ungefähr hundert Fußball-Fans waren mit ihm losgezogen. Wohin die anderen gegangen waren, wusste er nicht, hatte ihn aber auch nicht zu interessieren. Vielleicht hatte die STIMME einige ins Kino geschickt oder an den Wannsee – egal!

Er hatte sich an einen Gartentisch unter einer Kastanie gesetzt, sein Bier getrunken und sich mit einem Bekannten über das Fußballspiel unterhalten.

Als dann die STIMME ertönte: **„Es ist 19 Uhr! Machen Sie sich –** " bemerkte er plötzlich, dass ihm ein Vogel mitten auf den Kopf geschissen hatte. Er erschrak und wollte reflexartig den Klecks abwischen, als er verdutzt realisierte, dass die STIMME just in dem Moment verstummt war, als die Taubenkacke seine Glatze traf.

Er ließ die rechte Hand sinken. Was hatte das zu bedeuten? Hörten die anderen Gäste die STIMME auch nicht mehr? Nein, ganz offensichtlich war er eine Ausnahme, denn keiner der Anwesenden tat erstaunt oder verunsichert. Alle erhoben sich und strebten dem Ausgang zu. Immer noch völlig perplex schloss er sich den anderen an, verabschiedete sich von seinem Bekannten und verließ den Biergarten.

Er beschloss, der Sache auf den Grund zu gehen. Wenn die Taubenkacke auf seinem Kopf verhinderte, dass die STIMME ihn erreichte, würde er das in einer Stunde wissen. Dann bekäme er nämlich normalerweise mitgeteilt, welchen Film auf welchem Programm er sich nach den Weltnachrichten anzusehen hätte. Er ging langsamer, fiel mehr und mehr hinter die anderen zurück und verschwand unauffällig hinter einer Buschgruppe im Park. Er war allein, setzte sich ins Gras und wartete.

Als von einer Kirche im Westend acht Glockenschläge zu ihm herüberwehten und er *keine* STIMME hörte, begann er vor Aufregung zu zittern. Das war ungeheuerlich, das war unfassbar, das war unerklärlich. Jetzt begann die Hometime und niemand durfte mehr draußen sein. Wo war die STIMME der Protektoratsführer? Wo blieben die Anordnungen der Weltmacht? Alle anderen hatten sie doch offenbar gehört.

Er erhob sich und ging ziellos durch den Park. Sein befehlsgewohntes Hirn war leer, aber irgendetwas in den Tiefen in seinem Kopf begann zu atmen, zu suchen, zu

leuchten ... und allmählich zu finden.
Wer er war? Das wusste er natürlich.
Christian! Das dritte Kind von – Annabell und Bert.
Das dritte Kind, deshalb der Vorname mit „C".
Seine Mutter war das erste Kind seiner Großeltern, deshalb der Vorname mit „A", demnach war sein Vater das zweite Kind seiner anderen Großeltern. Ihm fiel ein, dass er niemanden kannte, dessen oder deren Vorname mit den Buchstaben „D", „E" oder „F" begann. Die Weltmacht hatte ganz offensichtlich verfügt, dass es maximal Drei-Kind-Ehen geben durfte.
Wie alt war er? Da wurde es schon schwieriger.
Da er gepaart war, musste er mindestens fünfundzwanzig sein. Vorher bekam man von der STIMME keinen Geschlechtspartner zugeteilt.
Und sein Beruf? Na klar!
Er arbeitete als Chemielaborant in einer der riesigen Kunstfleischzuchtanstalten in Brandenburg.
Hatte er Kinder?
Ja, eine Tochter. Sie hieß Aurora – mit „A", wie sonst?
Aber welches Hobby er hatte, fiel ihm erst nach intensivem Nachdenken ein: Lesen! Er erinnerte sich plötzlich daran, dass er als Kind Bücher geradezu verschlungen hatte. Merkwürdigerweise gab es bei ihm zuhause nur zwei Bücher. Er kannte sie beide und las sie trotzdem immer wieder. Warum?
Süßigkeiten! Er hatte früher wahnsinnig gern Schokoladenpudding gegessen. Warum gab es den nicht mehr?

Wo er wohnte? Selbstverständlich wusste er auch das. In der Schlossstraße – und da war er nun, hatte auf dem Weg durch die Seitenstraßen keine Protektorats-Garden mehr gesehen und schlüpfte leise und vorsichtig durch die Haustür und durchs Treppenhaus in seine Wohnung.
Seine Frau Brigitta saß vor der Fernsehwand und sah sich einen Heimatfilm an, der ihm bekannt vorkam. Er bemerkte auf der Displayleiste des TV die Programmnummer ‚2', griff nach der Fernbedienung und wählte Programm ‚1'. Dort lief ein Krimi, den er auch zu kennen glaubte. Na klar, den kannte er ebenso wie die Heimatschnulze.
„Was machst du da? Ich will doch den Film sehen! Jetzt wird's gerade spannend, wo der Förster dem Wilderer begegnet. Wo kommst du überhaupt so spät her? Hast du dich verlaufen? Das ist verboten, das weißt du!"
Seine Frau wandte ihren Blick kurz vom Bildschirm ab und schaute ihn fragend an.
Er beugte sich zu ihr herunter, sah auf ihren kahlrasierten Schädel mit dem eingepflanzten silbernen Chip und streichelte zärtlich ihren Hinterkopf.
Ihr Chip! Sein Chip! Der Vogelschiss auf seinem Chip!! Das war es!! Das *musste* es sein!!! Der Taubendreck hatte seinen Chip isoliert, neutralisiert. *Deshalb* hörte er die STIMME nicht mehr, *deshalb* erinnerte er sich.
Die Fernsehwand wurde schwarz, der Film war zu Ende und seine Frau erhob sich lächelnd.
„Komm!" sagte sie zu ihm und nahm seine Hand.

„Wohin? Was ist los? Was willst du?"
„Bist du taub? Hast du nicht gehört? Zeugungsfreigabe für alle weiblichen Protektoratsbürger mit „B" und alle männlichen mit „C" unter dreißig – das sind wir doch, oder?"
Er hatte wieder nichts gehört. Die STIMME in seinem Kopf war verstummt. Das war der endgültige Beweis.
„Komm", sagte er zu seiner Frau, „wir machen heute mal was anderes. Setz dich bitte, ich muss dir was erzählen ..."

Sonntagmorgen. Arbeitsfreier Tag. Angeordnete Erholung. Sie standen in der Küche und er rührte einen Brei aus Mehl und Wasser an.
„Sie haben uns unser Gedächtnis gestohlen, glaub mir das. Sie haben uns unsere Seele genommen."
Er hatte die halbe Nacht auf sie eingeredet, aber sie verstand ihn nicht. Sie begriff einfach nicht, was er ihr berichtete. Irgendwann hatten sie sich schlafen gelegt, und um 8 Uhr hatte seine Frau ihn geweckt, denn er hatte die STIMME, die zum Kirchgang und zum anschließenden Erholungsausflug rief, nicht vernommen.
Jetzt also standen sie in der Küche. Er musste es seiner Frau beweisen, er musste es ihr demonstrieren.
„Welchen Film hast du dir gestern Abend angeschaut?" fragte er sie.
„Das weiß ich nicht mehr. Habe ich ferngesehen?"
„Wann war ich denn vom Fußballspiel zu Hause?"

Sie blickte ihn verwirrt an.
„Du warst beim Fußballspiel? Ich weiß nicht, was du meinst. Du warst zuhause wie immer, oder? Um 20 Uhr ist Hometime."
„Siehst du, das ist das Einzige, was du behältst, nicht? Hometime, wie du heißt, wer ich bin. Du hast gestern den ‚Förster vom Silberwald' gesehen, und heute wirst du dir den Krimi ‚Es geschah am helllichten Tag' anschauen, weil du ihn noch nie gesehen hast, und weil die STIMME dir das befiehlt – und morgen wieder den ‚Förster vom Silberwald'. Du kennst ihn nämlich morgen nicht mehr, wetten? Übermorgen ist dann wieder der Krimi dran – und du wirst dich nicht an ihn erinnern können, weil nach Mitternacht alles in deinem Kopf auf Null geschaltet wird. Es ist zum Verrücktwerden!"
Er verzog angewidert sein Gesicht.
„Wir werden jetzt brav in die Kirche gehen, aber vorher schmiere ich dir und mir den Mehlbrei auf den Schädel. Ich möchte wetten, uns beiden fällt auf, dass der Pastor eine Predigt hält, die wir schon an *hundert* Sonntagen gehört haben – und er wird es nicht mal wissen."
Er wusch sich den getrockneten Taubendreck vom Kopf und strich dann sich und seiner Frau die Mehlpampe über den Chip.
„Komm, ruf Aurora und lass uns gehen, Liebling. Wir dürfen auf keinen Fall auffallen. Wir dürfen auch dem Kind nichts sagen, denk dran! Sie würde das alles nicht begreifen und könnte sich verplappern!"

Im Laufe des Sonntags erinnerten sie sich beide an viele Dinge ihres früheren Lebens und freuten sich darüber wie Kinder. Gleichzeitig wuchsen ihre Angst und die Unsicherheit, wie sie mit ihrer gewonnenen Gedankenfreiheit umgehen sollten. Wenn sie auffielen, weil sie vielleicht einen Befehl der STIMME nicht befolgten, der außer der gewohnten Reihe kam und sie nicht erreichte, wenn die Protektorats-Garden sie bei einer Kontrolle mit der Mehlpampe auf dem Chip erwischten – sie wagten nicht, sich auszumalen, was ihnen dann blühte.

„Es muss ein Zeichen sein, dass mir die Taube auf den Kopf geschissen hat", sagte er, als sie vom Jahrmarkt nach Hause gingen, „wir müssen unseren Freunden und Verwandten davon erzählen, wir müssen ihnen ebenfalls die Möglichkeit geben, ihr Gedächtnis zurück zu bekommen. Wir müssen Verbündete suchen! Die Bewegung muss wachsen und immer größere Kreise ziehen!! Es wird eine Revolution geben!!!" Er redete sich in Rage, derweil ihre Tochter außer Hörweite über den Bürgersteig hüpfte.

Mit weiblichem Pragmatismus gesegnet, blickte sie ihn skeptisch an.

„Mach dir nichts vor. Gegen die Weltmacht sind wir machtlos, egal wie viele wir wären. Deine Revolution würde nicht einmal das Protektorat Germanien erschüttern. Es ist sinnlos, glaub mir."

„Wir müssen es versuchen!! Wichtig ist, dass wir nicht

auffallen. Um das zu verhindern, muss immer einer von uns ohne Mehlklecks leben. Wir wechseln uns ab. Heute behalte *ich* die Isolierung und du wäschst sie dir vorm Schlafengehen ab. Morgen Abend machen wir es dann umgekehrt."

Sie hatten ihre Wohnung erreicht. Um 20 Uhr sahen sie sich die Weltnachrichten an. Danach schalteten sie das 1. Programm ein und schauten sich den Krimi an, denn sollte eine Patrouille der Protektorats-Garden durch ihre Wohnstraße fahren – womit zu rechnen war – und in ihrem Fenster *kein* TV-Geflimmer sehen, kämen sie in Teufels Küche.

Als der Film zu Ende war, liebten sie sich spontan auf der Couch – zum ersten Mal ohne Anordnung, seit sie sich erinnern konnten. Anschließend gingen sie nacheinander ins Bad. Er achtete darauf, seine Mehlkappe nicht zu verlieren und sie wusch sich die angetrocknete Schicht ab – wie sie es verabredet hatten.

Er erwachte pünktlich.

„Es ist 7 Uhr! Stehen Sie auf und verlassen Sie um 8 Uhr das Haus! Heute ist Montag! Gehen Sie zur Arbeit! Ihre Schicht beginnt um 9 Uhr!"

Seine Frau neben ihm öffnete die Augen.

„Guten Morgen, Christian. Ich habe heute Nacht, als ich mal raus musste, auf deinem Kopf eine merkwürdige Kruste gesehen. Hast du dich da gestoßen? Ich habe sie dir weggemacht."

„Eine Kruste? Was für eine Kruste? Ich weiß nicht, ob ich mich gestoßen habe, ich glaube nicht."
Sie standen auf, gingen ins Bad, frühstückten miteinander und verließen danach das Haus. Sie brachten ihre Tochter zur Sammelstelle des Kindererziehungsheims. Von dort würde sie mit vielen anderen aus dem Wohnviertel mit dem Bus abgeholt werden. Bis sie abends zurückgebracht wurde, war sie bei den Protektoratserzieherinnen in guten Händen.

Die Woche verlief wie immer. Am Montagabend sahen sie sich den ‚Förster vom Silberwald' an und fanden ihn toll. Sie hatten ihn vorher noch nie gesehen. Auch der Krimi am Dienstag – ‚Es geschah am helllichten Tag' – gefiel ihnen sehr gut. Besonders Gerd Fröbe als Mörder beeindruckte Christian sehr, während seine Frau Heinz Rühmann ganz stark fand.
Am Mittwoch forderte die STIMME sie auf, sich den Heimatfilm ‚Der Förster vom Silberwald' auf dem 2. Programm anzuschauen. Ein schöner Film. Christian gefiel vor allem die Anita Gutwell, die die Liesl spielte, und Brigitta war von Hubert Gerold ganz angetan. Wie der den Förster spielte – große Klasse.
Der Krimi am Donnerstag im 1. Programm war aber auch spannend. Heinz Rühmann als Kommissar und Gerd Fröbe als Mörder waren schon sehr gut in ihren Rollen. So einen wahnsinnigen Film hatten sie noch nie gesehen.

Am Freitag sollten sie ein Buch lesen. Das fanden sie gut, weil man ja auch nicht jeden Abend vor der Fernsehwand hocken muss. Er las die satirischen Kurzgeschichten ‚nee, echt jetzt ?!' und sie den Gedichtband ‚scheiß auf die Rippe', beide von Detlef Guhl. Er amüsierte sich köstlich, und sie war von der Poesie der Gedichte sehr beindruckt. Sie nahmen sich vor, öfter mal zu lesen.

Am Samstag sagte ihm die STIMME, er solle zum Stadion gehen und sich das Fußballspiel anschauen. Heute spielten die beiden Stadtmannschaften Eintracht West und Eintracht Ost gegeneinander. Es war ein spannendes Spiel. Eintracht Ost gewann die Partie mit 2 : 1.

Zum Wochenend-Vergnügen gehörte anschließend der Besuch im Biergarten. Dort solle er sich, so hatte es die STIMME angeordnet, bis 19 Uhr bei einem Glas Pils amüsieren. Er setzte sich mit seinem Bierglas an einen Gartentisch unter einer Kastanie. Als er gerade den ersten Schluck trinken wollte, hörte er über sich im Wipfel eine Taube gurren. Er blickte nach oben und sah den Vogel auf einem Ast direkt über ihm sitzen.

Sie könnte mir auf den Kopf scheißen, dachte er, erhob sich und setzte sich an einen anderen Tisch.

*„Humor ist, wenn man
trotzdem lacht.
Satire ist, wenn einem das Lachen
im Halse stecken bleibt."*

Harald Schmidt

Der Eignungstest

„Guten Tag, ich möchte gerne den Regierenden Bürgermeister sprechen."
Der fantasieuniformierte Mann im Glaskasten hob seinen Blick vom Kreuzworträtsel.
„Wissen Se, watt die Amtssprache in Pakistan is? Vier Buchstaben, der letzte een ‚u'!" fragte er mich.
„Urdu!" Nicht, dass Sie jetzt glauben, ich wüsste jederzeit alles, aber ich hatte gerade erst gestern im Tagesspiegel darüber gelesen.
„Danke! Watt wolln Se denn vom Rejierenden?"
„Ich hab gelesen, dass die Stelle des Senats für Umwelt und Verkehr eventuell bald vakant sein könnte, und da wollte ich ihn fragen, ob das Quereinsteiger-Programm auch *dafür* gilt."
„Also erstens: Der Rejierende is ssursseit nich da, un wenn er momentan anwesend wääre, hätt er keine Sseit, sich damit ssu befassen. Aba ick bin ja och noch da. Un ssweitens: Watt glauben Se denn, watt Se befähicht, Senator für Vakehr ssu werden?"
„Ich bin diplomierter Bauingenieur mit Fachrichtung Verkehrsbau und – "
„Sehn Se, könn' Se schon vajessen! Mit diese Ausbildung sinn Se total übakwalifissiert. Aba wie wär't denn mit'n Senator für Bildung un Jugend un Familie? Der Regierende plant ja ne jrößere Rejierungsumbildung, er weeß bloß noch nüscht davon."

„Wie meinen Sie das? . . . Nun, ich habe an der Volkshochschule schon mehrere Seminare geleitet."
„Schade, Mann. Dann sinn Se für den Posten leider och vabrannt. Is aba ejal, die Stelle is schon optimal besetzt, wenn Se mir fragen. Un wie isett mit die Kultur? Vielleicht wär da watt ssu machen."
„Großartig!! Meine Frau und ich haben jahrelang Veranstaltungen organisiert. Ich arbeite seit dreißig Jahren als bildender Künstler und – "
„Hörn Se uff! Jeht ooch nich!"
„Aber wieso – "
Der Uniformierte verzog sein Gesicht.
„Haa-haaa-haaa-schiiii!"
„Gesundheit!!"
„Danke! Jesundheit und Pflege, wie wär't damit?"
„Na ja, meine Frau ist Krankenschwester – "
„Un Inneres un Sport?"
„Leider bin ich seehr, seehr unsportlich . . ."
„Dett is jut!"
„ . . . und wir sind mit einem Arzt für Innere Medizin befreundet!"
„Dett is nu wieder schlecht, janz schlecht. Wie sieht's denn aus mit die Finanzen?"
„Also von Finanzen habe ich ehrlich gesagt keine große Ahnung – "
„Na seh'n Se, dett wär doch watt!"
„ – wir haben wohl ein Sparkonto – "
„*Watt* hammse? Sie *sparen*? Mann, da seh ick schwarz.

Hammse denn wenigstens Kredite ssu bieten?"
„Nein, Kredite haben wir nicht."
„Dett wird nüscht, Männeken. Sie sinn für'n Senatorenposten einfach übakwalifissiert – wie ick schon sagte."
„Das verstehe ich nicht!"
„Watt jibtet da nich ssu vastehn? Als Senator hammse doch ihre Fachleute inne Vawaltung sitzen. Glooben Se denn, die woll'n sich ständich in ihre Arbeet rinnreden lassen? Neenee, die könn' dett janz alleene... Aba wartense mal, watt hammwer denn noch ssu bieten? Stadtentwicklung un Wohnen fällt ja ooch flach, weil der Posten vonne Kwalifikassion her in beste Hände liegt, wenn Se vastehn, watt ick meene, Justiz un Wirtschaft will der Rejierende tauschen, weeß et aba noch nich – "
„Warum *das* denn?"
„Na hör'nse mal, watt soll denn een Richter als Justizsenator? Der is ja vom Fach un deswejen völlich fehl am Platze!"
„Dann bliebe ja nur noch Senator für Integration, Arbeit und Soziales. Käme das denn für mich infrage? Meine Familie hat schon vor zig Jahren eine südamerikanische Schwägerin integriert, geschuftet haben meine Frau und ich ein Leben lang und wir sprühen nur so vor sozialer Kompetenz, glauben Sie mir!"
„Mensch, dett is doch allet Pillepalle, vastehn Se mir doch endlich!"
Der Pförtner schüttelte verzweifelt den Kopf.
„Aba ick hab da ne Idee. In drei Monaten jeh ick in Ren-

te, dann könn' Se meenen Job haben – bei Ihre Ausbildung sinn Se der Richtje dafür, glooben Se mir."
„Ich soll Pförtner werden?"
„Unterschätzen Se mir man bloß nich! Ick mach hier in meen Jlaskasten für den Rejierenden die janze Personalpolitik, anjefangen von die Senatoren bis hin ssu die Staatssekretäre, nich ssu vajessen die Innen, um jendermäßich korrekt ssu sein. Eenmal die Woche kommt der Rejierende ssu mir un fragt mir nach die Erjebnisse von meeene Eignungsteste – hier in meen Jlaskasten, allet janz transparent."
„Was denn, *Sie* empfehlen dem Regierenden Bürgermeister, wer welchen Posten bekleiden soll?"
„Watt heeßt ‚empfehlen' – ick *entscheide* dett. Ick bin sossusagen hier der Senatsflüsterer, wenn Se vastehn, watt ick meene. Ick flüster jeden Freitach den Rejierenden meene Personalentscheidungen in't Ohr – un *Sie* werd ick für mein Posten hier vorschlajen. *Sie* wissen ja sojar die pakistanische Amtssprache – da erledijen Se den Job hier doch uff eene Arschbacke, wa??!!"

Dornröschen

In fernem Land, vor langer Zeit –
wie es sich gebührt für Märchen –
da lebte einst auf einem Schloss
mit Hofstaat und gewalt'gem Tross
ein nicht ganz junges Herrscherpärchen.

Der König liebt die Königin,
er liebt sie wohl von ganzem Herzen,
mit Seele – nicht mit ihrem Leibe,
und fragt sich, wo der Nachwuchs bleibe.
Nun, mit den Jahren und mit Schmerzen

mussten sich beide eingesteh'n:
Es kam zu keiner Schwangerschaft!
Doch neulich freitags, so wie immer,
planscht die Queen im Badezimmer
und fühlt sich plötzlich angegafft.

Da sitzt ein Frosch am Wannenrand,
glotzt auf die royalen Brüste
und quakt: „Wenn ich dein König wäre,
dein Ehemann – bei meiner Ehre,
dann wüsst' ich, was ich machen müsste!

Versucht's doch einfach mal mit Sex –
erstens macht es viel Vergnügen.
Es kostet zwar auf Dauer Kraft,
doch zweitens winkt die Schwangerschaft –
drei Mal die Woche wird genügen.

In einem Monat bin ich hier,
dann mache ich mit dir den Test!"
Und so ist wohl in fernen Landen
der ‚Froschtest' offenbar entstanden . . .
Bleibt vom Märchen noch der Rest:

Ein schönes Mädchen kommt zur Welt,
elf weise Frauen wünschen Glück,
die dreizehnte verflucht das Kind,
die zwölfte mildert's ab geschwind!
Das Resultat – ein starkes Stück:

Mit fünfzehn Jahren trifft das Kind
in einem Turm ein altes Weib.
Dornröschen sticht sich an der Spindel,
schläft ein – mit ihm das Hofgesindel.
Das Girl mit jugendlichem Leib

schläft ungelogen hundert Jahr'.
Inzwischen wuchsen Dornenhecken,
dass nur kein Prinz die Schöne störte.
Etliche starben, wie ich hörte.
Doch pünktlich, um sie aufzuwecken,

erschien genau nach hundert Jahr'n
ein fescher Prinz vor dem Getrüppe.
Die Rosenhecke öffnet sich,
der Prinz gesteht: „Ich liebe dich!"
Das Girl wacht auf mit ganzer Sippe!

Der Prinz hält an um ihre Hand –
ja, ist der Knabe noch zu retten?
Echt, ich glaub, ich steh im Wald –
die Braut ist über *hundert* alt!!
Das kann nicht gut geh'n, woll'n wir wetten???

*„Kindern erzählt man Märchen
zum Einschlafen –
Erwachsenen, damit sie aufwachen."*

Jorge Bucay

Die Wette*

„Du, Schatz, ich geh mal eben Zigaretten holen – bin gleich wieder da!"
Er nahm sich den Wohnungsschlüssel vom Brett, zog die Tür hinter sich zu, ging die zwei Treppen hinunter und betrat die Straße. Der abendliche Verkehr hatte bereits abgenommen. Die Luft war kühl und erfrischend. Er ging die Straße hinunter zum Kiosk, kaufte sich seine Zigaretten und beschloss, noch einen Schlenker durch den Park zu machen, bevor er heimging.
Er verließ die hell beleuchtete Straße. Im Park umfing ihn eine diffuse Dunkelheit. Er wähnte sich allein, sah aber nach ein paar Schritten vor sich eine Gestalt, die ihm entgegen kam. Als sich der Andere bis auf wenige Schritte genähert hatte, wollte er nach rechts ausweichen. Im selben Moment machte der Andere jedoch einen Schritt nach links und stand vor ihm.
Er erschrak. Vor ihm stand – er. Er blickte in sein Ebenbild und wollte es nicht glauben. Wie war denn so etwas möglich?
„Wer sind Sie?" fragte er mit einer Stimme, die ihm fast nicht gehorchen wollte.
„Ich bin du", sagte sein Ebenbild, „und du?"
„Ich bin ich!" antwortete er, verwundert darüber, dass sein Ebenbild ihn duzte. Hatte er etwa Halluzinationen? Er hatte doch heute zum Abendessen nur sein übliches

Quantum Wein getrunken.
„Wenn ich *ich* bin, wie können Sie dann auch *ich* sein?" fragte er mit zitternder Stimme.
„Du kannst mich ruhig duzen", sagte der Andere, „du bist sozusagen ich *und* du."
„Aber du kannst doch nicht *du* sein, wenn ich *du* bin, obwohl ich doch *ich* bin!" stotterte er völlig verwirrt.
„Und außerdem: wenn ich *du* bin, du aber nicht *ich* – wer bist du denn dann *wirklich*?"
„Das kann man so und so sehen, mein Lieber. Gesetzt den Fall – nur mal angenommen – du bist *nicht* ich. Dann würde das bedeuten, dass du *du* wärest. Da *ich* aber *du* bin, kannst *du* nicht *du* sein. Dann wärest du also weder *ich* noch *du* – dann hörtest du auf, zu existieren – kannst du mir folgen?"
„Folgen? Wohin denn?"
„Ich bin dein Tod. Wir haben gerade festgestellt, dass du nicht mehr existierst. Und deshalb bin ich hier – um dich zu holen."
Ihm wurde schlecht. Sollte das wahr sein? Das gab's doch alles gar nicht!! Das musste er verhindern. Was sollte denn seine Frau von ihm denken, wenn er nicht mehr nach Hause kam? Sie müsste ja annehmen, dass das Klischee vom Ehemann, der nur mal eben Zigaretten holen wollte und dann verschwand, *doch* kein Klischee wäre – und das ihr!!!
„Muss das denn sein? Kann man denn da gar nichts machen? Irgendeinen Aufschub vielleicht?"

„Nuuun, mein Lieber, wie ich weiß, bist du einer der letzten hartnäckigen Raucher und frönst deinem Laster hemmungslos. Ich gebe zu, auch ich habe eine kleine Schwäche. Ich wette für mein Leben" – hier brach der Tod in ein kurzes, schallendes Gelächter aus – „gern. Klingt paradox, nicht? Der Tod wettet für sein Leben gern, hahahaha. Na gut, deshalb, und weil der heutige Abend ein so schöner ist, schlage ich dir eine Wette vor: ich wette, dass es dir *nicht* gelingt, meine Argumentation zu widerlegen, dass du *nicht* existierst. Wenn ich die Wette verliere, kannst du leben, bis du selbst mich rufst."
Der Tod hielt ihm die Hand hin. Er überlegte fieberhaft, welche Chance er hätte. Nun, wenn er die Wette ausschlug – gar keine. Er schlug ein.
„Gestatte mir eine Frage: warum siehst du aus wie ich?"
„Ich mag dieses Spielchen zu gerne. Die Leute, die ich hole, sind dermaßen perplex, wenn sie vor ihrem Ebenbild stehen – ich lache mich innerlich jedes Mal tot" – wieder lachte der Tod kurz und schallend – „köstlich, mein Sprachwitz: der Tod lacht sich tot, hahahahah. Ich amüsiere mich königlich. Deshalb nehme ich immer das Aussehen meiner Kundschaft an. So, und nun versuche, dich mir auszureden."
Er holte tief Luft.
„Also, Gevatter, du sagtest eingangs, du wärest *du*."
„Hab ich das?"
„Ja, auf meine Frage, wer du seist, hast du wörtlich ge-

sagt: ‚Ich bin du'. Nun, wenn *du* also nach eigenen Angaben *du* bist, *ich* aber nach deiner Ausführung nicht *ich* sein kann, muss *ich* also *du* sein, und *du* bist folglich ***nicht du***. Kannst du mir folgen?"
„Moooment! Wenn *ich du* bin, *du* aber nicht *ich* – wer bist *du* denn dann?"
Er nestelte sein Portemonnaie aus der hinteren Hosentasche, kramte seinen Personalausweis heraus und hielt ihn dem Tod vor die Nase.
„Ich bin *ich*!"

Er schloss die Tür auf und ging ins Wohnzimmer. Seine Frau drehte sich vom Fernseher weg und sah ihn an.
„Du warst aber lange fort!"
„Ich höre ab sofort auf zu rauchen, Schatz, versprochen! Dann lebe ich, so lange ich will. Und wenn du morgen in die Stadt fährst – vergiss deinen Personalausweis nicht. Den sollte man immer dabei haben."

(*) *inspiriert vom Film „Vorwärts immer"*
   von Markus Thebe (Buch) und Franziska Meletzky (Regie)

Götzen-Dämmerung
(nicht von Friedrich Nietzsche)

Ich lege die Tageszeitung zur Seite und verfalle in einen Zustand intensiver Nachdenklichkeit. Das soeben Gelesene sickert wie ein süßes und gleichzeitig galliges Gift in mein Bewusstsein, verhakt sich dort und will nicht mehr weichen.
Was habe ich da gerade gelesen?
Ich las, dass Mario Götze in dieser Saison bislang noch nicht zum Einsatz gekommen ist und dass er vermutlich auch bei den nächsten Spielen auf der Bank sitzen wird.
Ich las, dass der Trainer auf andere Namen setzt und deshalb Mario Götze auf der Bank sitzenbleiben lässt.
Ich las, dass der Geschäftsführer Hans-Joachim Watzke betont, eine Weiterbeschäftigung von Mario Götze hinge davon ab, wieviel Spielanteile er bekommt und wie sein sportlicher Stellenwert sei.
Ich las, dass der Knackpunkt Mario Götzes Jahresgehalt von kolportierten zehn Millionen Euro ist und er einen neuen Vertrag mit reduziertem Salär abgelehnt hat.
Ich bin empört!!
Was ist denn das für eine Missachtung sportlicher Erfolge und fußballerischer Größe? Wären wir denn 2014 Weltmeister geworden ohne Mario Götze? Und nun soll er nur Bankdrücker in Dortmund sein – für zehn Millionen Euro??
Moment mal, habe ich da eben zehn Millionen gelesen?

Ja, da leck mich doch einer am ... nein, sowas sagt man nicht, das **denkt** man nicht einmal.

Nein, ich denke das **zweimal**, und dann sage ich mir: Detlef, sage ich zu mir, das ist **deine** Chance! Die musst du jetzt und gleich, sofort und auf der Stelle ergreifen – und ich ergreife das Telefon und wähle die Nummer des BVB.

„Borussia Dortmund GmbH und Co KGaA, was kann ich für Sie tun?"

„Ich hätte gerne Herrn Watzke gesprochen!"

„Ist das Ihr Ernst?"

„Mein voller!"

„In welcher Angelegenheit?"

„Das ist streng vertraulich. Es geht um einen hochinteressanten Neuzugang – mehr kann ich Ihnen dazu nicht sagen. Herr Watzke wird Sie köpfen, wenn Sie mich nicht mit ihm verbinden!!"

„Und wen darf ich melden?"

„Guhl – Gustav Ulrich Heinrich Ludwig!"

Mit diesem Morsealphabet hat schon mein Vater bei zwei rosigen und drallen Heißmanglerinnen große Erfolge erzielt (*).

„**GUHL**? Wie das Haarwaschmittel?"

Ich weiß nicht, wie oft ich diese Frage schon mit ‚ja' beantwortet habe, deshalb kommt es auf einmal mehr auch schon nicht an.

(*) *siehe „Standhaft" im Buch **„nee, echt jetzt?!"***

„Ja, richtig – aber nun genug des Geplänkels."
Das ist ein Trick von mir. Immer, wenn man heutzutage den Genitiv benutzt, steigt man bei seinem Gesprächspartner sprunghaft in der Hochachtung oder man wird für verrückt gehalten. Beides hilft, versuchen Sie's mal.
„Augenblick bitte, ich verbinde Sie mit Herrn Watzke!"
In den nächsten fünf Minuten ergötze – (mir geht der Mario einfach nicht aus dem Kopf) – ich mich an einer ausgesprochen ins Ohr gehenden Musikschleife. Das ist einerseits nervig, andererseits aber zu entschuldigen, denn Herr Watzke ist mit Sicherheit ein vielbeschäftigter Geschäftsführer, der Millionen bewegt – selbst für Spieler, die auf der Bank sitzen und sich **nicht** bewegen. Und da genau das der Grund meines Anrufes ist, lasse ich mich gerne volldudeln. Man kennt das ja auch von telefonischen Warteschleifen bei Ärzt*innen und sonstigen Dienstleister*innen.
„Watzke hier!!"
„Guten Tag, Herr Watzke, wie ich heiße, werden Sie bereits erfahren haben und wer ich bin und was ich will, sage ich Ihnen jetzt – aber nur **einmal**! Also hören Sie gut zu und unterbrechen Sie mich nicht!"
Diese Formulierung kenne ich vom ‚Tatort'. Da wird sie gerne bei Entführungen eingesetzt. Zugegeben, ich will zwar keinen *ent*führen, sondern mich *ein*führen, aber auf solche Kleinigkeiten kommt es jetzt nicht an.
„Ich bin Ihr neuer Bankdrücker! Ich bin Ihr Ersatz für Mario Götze. Ich bin zahlendreherisch so alt wie er – na

gut, ein Jahr älter – und koste Sie im Jahr statt zehn Millionen nur drei."

Das Wort ‚zahlendreherisch' habe ich noch nie verwendet, aber ich finde, es hat einen gewissen Charme. Es klingt erheblich besser als ‚72', oder?

„**Wie bitte**??"

„Sie sollten mich doch nicht unterbrechen!! Also – **drei** Millionen!! Sie verkaufen Mario Götze für sagen wir fünfundzwanzig Millionen an den FC Bayern. Da hat er schon mal gesessen und kennt sich aus. Für das Geld verpflichten Sie mich für insgesamt acht Jahre. In dieser Zeit sitze ich bei Ihnen auf der Bank und störe niemanden. Das schaffe ich locker, bis ich volljährig bin, also zahlendreherisch. Die Rechnung ist ganz einfach: **Behalten** Sie Mario Götze, kostet er den BVB in der Zeit achtzig Millionen, kaufen Sie **mich**, kostet Sie die Transaktion nichts!!"

Schweigen!!

Schlucken!!

„Bitte haben Sie dafür Verständnis, dass ich **das** nicht sofort und alleine entscheiden kann. Das werde ich mit Herrn Doktor Rauball besprechen müssen. Ich rufe Sie baldmöglichst zurück. Auf Wiederhören!"

Meine Frau blickt mich entgeistert an.

„Du willst **zum BVB** auf die Bank? Was willst du alter Kerl denn beim BVB?"

„Na hör mal, warum sollte ich denn schlechter die Bank drücken als Mario? Das dürfte doch wohl nicht schwer

sein. Das ist doch was anderes als im Fitnessstudio. Das kannst du doch nicht – "
Das Telefon jubelt.
„Guhl!"
„Borussia Dortmund GmbH und CO KGaA. Ich verbinde mit Herrn Doktor Rauball" . . . . „Rauball hier, spreche ich mit Gustav Ulrich Heinrich Ludwig Guhl?"
„Ganz recht, Doktor!" Ich nehme meinen neuen Vornamen klaglos hin. Schon mein Vater hatte es vor vielen Jahren aufgegeben, korrigierend einzugreifen.
„Ich will nicht lange drum herum reden! Der BVB wird Sie zum 1. Januar als Bankdrücker verpflichten. Der Uli Hoeneß ist bereit, uns Mario Götze für fünfzehn Millionen abzukaufen – mehr war nicht drin. Er sagt, der FC Bayern hat mit Müller und Boateng schon zwei ganz passable Bankdrücker. Jetzt verhandelt er gerade mit Liverpool, die sollen ihm Müller oder Boateng abkaufen, weil er gerne Mario haben möchte. Der hat ja schon unter Pep Guardiola ganz prima die Bank gedrückt. Sie müssten uns aber mit Ihrer Gage etwas entgegen kommen, weil Hoeneß – "
„Sie wollen mich runterhandeln, Doktor? Auf-**gar-keinen**-Fall!! Jetzt koste ich vier Millionen!!"
„Aber Herr Guhl, nicht doch, ich bitte Sie, so war das doch gar nicht gemeint. Bleiben wir bei drei?"
„Dreieinhalb!!"
„In Ordnung – aber dann müssen Sie von der Bank aus hin und wieder den Schiedsrichter beleidigen. Wenn Sie

dann eine gelbe Karte kriegen, tut uns das ja nicht weh. Sie drücken ja nur. Damit entlasten Sie aber ganz erheblich unseren Trainer."
„Kein Problem! Wird gemacht! Wäre Blindschleiche in Ordnung? Blechpfeife? Vollpfosten? Wichser?"
„Für Wichser gibt es gelb-rot. Da müssten wir von unseren Justiziaren noch prüfen lassen, ob wir vom DFB eine Geldstrafe zu erwarten haben. Die müssten wir Ihnen dann aber von der Gage abziehen."
„Bingo, Doktor, dann hätten wir ja alles geklärt. Ich will aber für meine Frau für jedes Spiel des BVB eine Freikarte für die Ehrentribüne. **Sie** ist nämlich bei uns der Fußballfreak – und BVB-Fan! Geht das in Ordnung?"
„Selbstverständlich! Es ist mir eine Ehre!"
„Prima! Ich freue mich auf die neue Herausforderung. Den Acht-Jahres-Vertrag können Sie mir in den nächsten Tagen nach Berlin schicken. Ich muss ja wohl nicht umziehen, weil ich an den Trainingsprogrammen nicht teilnehmen werde, oder?"
„Nein, natürlich nicht, mein Bester! Wir freuen uns auf Sie. Bis demnächst. Ich drücke unserem neuen Bankdrücker die Daumen."
Ich drücke das Gespräch weg, drücke mich mit steifem Rücken aus dem Sessel, schließe meine liebe Frau in die Arme und drücke sie fest an meine Brust – nicht ganz frei von einem klitzekleinen Triumph.
„Siehste, Liebling – geht doch!"
Sie reagiert mit einem liebevoll-ironischen Schnaufen,

aber das nehme ich ihr nicht übel – da drücke ich mit der Souveränität eines großen Bankdrückers beide Augen zu. Mich bedrückt nur die Aussicht auf Bela Rethys Vorstellung der Neuzugänge:

„*.... und auf der Reservebank sitzt mit Mario Götzes Trikotnummer 10 der neue Bankdrücker des BVB ... Gustav Ulrich Heinrich Ludwig Guhl – wie das Haarwaschmittel.*"

„Da hab ich gedacht,
ich tu ihn ihm rein in ihn ihm sein Tor."

Horst Hrubesch

„Dann kam dann das Elfmeterschießen.
Wir hatten alle die Hosen voll,
aber bei mir lief's ganz flüssig."

Paul Breitner

„Haste Scheiße am Fuß,
haste Scheiße am Fuß."

Andreas Brehme

Floskeln

Floskeln entstehen scheinbar über Nacht. Man legt sich abends ins Bett, schläft den Schlaf des Gerechten oder Ungerechten – je nach Veranlagung, träumt Witziges oder Irrwitziges – je nach Fantasie, wacht morgens auf – ausgeschlafen oder morgenmuffelig – je nach Veranlagung, und *bumms* – gibt's eine neue sinnleere Aussage. Im Radio, das uns mit einer Nachrichtensendung geweckt hat, fragt der Reporter einen aus dem Schlaf gerissenen Politiker (natürlich kann es auch eine Politikerin sein, die ist meistens wacher) nach seiner Meinung über die letzte versemmelte Landtagswahl. Und was sagt der (oder die) Politiker (in)? Er (oder sie) sagt: *„Am Ende des Tages* wird man sehen, dass unsere Partei gewonnen hat."

Der Reporter will das nicht so recht glauben und zweifelt die Aussage an, wird aber postwendend darüber belehrt, dass er *am Ende des Tages* schon sehen wird, dass er Unrecht hat.

Da hat der Deutschlandfunk ihn (oder sie) um kurz nach sieben gerade aus dem Bett geschmissen, da hat der Tag noch gar nicht richtig angefangen – da ist er (oder sie) schon wieder *am Ende des Tages* angelangt. Das nimmt einen dermaßen mit, dass man sich am liebsten sofort wieder ins Bett legen und da bleiben möchte, bis man *am Ende des Tages* angelangt ist und die Partei tatsächlich doch noch gewonnen hat – oder auch nicht.

In den nächsten Wochen muss man dann erstaunt zur Kenntnis nehmen, dass plötzlich nahezu alles erst *am Ende des Tages* geschehen wird. Tagsüber passiert so gut wie gar nichts mehr.

Wie entsteht solch eine Worthülse? Wer lässt sich Aussagen wie *da nicht für*, *ein Stück weit*, *im Endeffekt*, *kein Problem* und *nicht wirklich* einfallen?

Seit geraumer Zeit gibt es auch in der Gastronomie eine innovative Zauberfloskel. Sie heißt *sehr gerne*. Ganz egal, was der Kellner oder die Kellnerin Gutes für uns getan hat – er oder sie hat es immer *sehr gerne* getan. *Was macht das mit dir* (meine absolute Lieblingsfloskel!!), wenn du das an einem Abend zwanzigmal gehört hast? Du wirst *im Prinzip* (auch so ein Ausdruck) unhöflich, weil du aufhörst, dich jedes Mal für den Service zu bedanken. *Am Ende des Tages* kann das doch nicht der Sinn der Sache sein.

Man stelle sich vor, Johann Wolfgang von Goethe oder Friedrich Schiller hätten sich solcher Floskeln bedient. Dann klänge das so:

Götz von Berlichingen, 3. Akt
In der belagerten Burg. Von draußen hört man Trompetenklänge.
Götz *(öffnet das Fenster)*: Was soll's?
(man hört Jemanden reden)
Götz: Mich *ein Stück weit* ergeben!!? Auf Gnad und

Ungnad! Mit wem redet Ihr? Das meint Ihr *nicht wirklich*! Bin ich ein Räuber? Sag deinem Hauptmann: Vor Ihro Majestät hab ich, wie immer, *im Prinzip* schuldigen Respekt. Er aber, sag's ihm, er kann mich *am Ende des Tages* und *im Endeffekt* im Arsche lecken!
Trompeter: *Sehr gerne*! *Kein Problem*. Aber *was macht das mit Ihm*?
Götz: Es wird mich *ein Stück weit* kitzeln! Hat Er die Botschaft verstanden?
Trompeter: *Nicht wirklich*. Aber trotzdem danke!
Götz: *Da nicht für*! (*schmeißt das Fenster zu*).

oder

Wilhelm Tell, 3. Aufzug
Wiese bei Altdorf, der Hut auf der Stange. Geßler erfährt, dass Tell den Hut nicht gegrüßt hat.
Geßler: Verachtest du so deinen Kaiser, Tell, und *ein Stück weit* mich, der hier an seiner Statt gebietet, dass du die Ehr' versagst dem Hut, den ich zur Prüfung des Gehorsams aufgehangen? Dein böses Trachten hast du mir damit *im Prinzip* verraten.
Tell: *Nicht wirklich*! Verzeiht mir, lieber Herr! Aus Unbedacht, nicht aus Verachtung Eurer ist's geschehen. Wär ich besonnen, hieß ich *im Endeffekt* nicht Tell. Ich bitt' um Gnade, es soll nicht mehr begegnen.

Geßler: Du bist *ein Stück weit* Meister auf der Armbrust, Tell, man sagt, du nehmst es *im Prinzip* auf mit jedem Schützen? Nun, weil du den Apfel triffst vom Baume auf hundert Schritte, so wirst du deine Kunst vor mir bewähren müssen. Nimm die Armbrust und mach dich fertig, einen Apfel von deines Knaben Kopf zu schießen. Nun, *was macht das mit dir*?
Tell: Eher sterb ich!!
Geßler: *Sehr gerne*, Tell! *Kein Problem*! Du schießt oder stirbst *am Ende des Tages* mit deinem Knaben.
Tell schießt – und trifft den Apfel.
Geßler: Bei Gott, der Apfel *im Endeffekt* mitten durchgeschossen! Es war ein Meisterschuss, Tell, ich muss dich loben!
Tell: *Da nicht für*, lieber Herr!

Schrecklich? Schlimm??
Was macht das mit uns? Es geht uns *ein Stück weit* auf die Nerven! Aber nicht verzagen – *alles wird gut* . . . . . allerdings erst *am Ende des Tages*.
Und bis es soweit ist: *Einen schönen Tag noch*!!

Sein oder nicht sein

„Was sagst du da? Du willst aufhören?"
Mein Freund und ich stehen bei Mehmet und kauen auf einem Döner herum. Mehmet dreht sich vom Drehspieß zu uns um und tritt an den Tresen.
„Washörisch? Du hörst auf? Womit??"
„Mit Schreiben!"
Mehmet hebt drohend sein Schabemesser.
„Bistu plemplem? Du schreibst nix mehr? Nix mehr vom Ferkel Rischard? Nix mehr von mir und Döner und Köfte? Hastu sie noch alle? Was wird dann aus mir?"
Wir spülen den Rest des Döners mit der wieder mal lauwarmen Cola runter.
„Nee, ist jetzt gut gewesen. Was soll die ganze Satire, wenn sie tagtäglich von der Realität überholt wird? Ich hör auf!" bekräftigt mein Freund.
Ja, Ihr habt richtig gelesen – mein Freund hört auf. Mein Freund hat alle Geschichten vom Wühltisch geschrieben. Jetzt ist es endlich raus.
Mehmet ist sichtlich erschüttert.
„Komm, Alter, wir machen Tausch! Du machs Döner und ischreib Geschichten, wallah!"
„Geht nicht, Mehmet! Dich gibt's doch gar nicht ohne meine Satire, und wenn ich aufhöre – wie kannst du dann mit mir tauschen?"
„Mach nich dicke Hose, Alter! Dich gibt's ja auch nich. Habisch gelesen im Nachwort von „nee, echt jetzt?!"

„Was würdest du denn schreiben, wenn wir tauschen würden?"

„Satire über Erdogan, Alter! Kann man über Erdogan nur Satire schreiben, ischwör!"

Mein Freund schüttelt besorgt den Kopf.

„Wenn du Satire über Erdogan schreibst und dann in die Türkei fliegst, um deine Verwandten zu besuchen, gibt es dich erst recht nicht mehr – selbst wenn es dich gäbe. Das wird also nichts."

„Bullshit, Alter. Wenn wir tauschen und ischreib, dann gibt's misch! Wer schreibt, der bleibt! Weißisch von Johann Wolfgang!"

„Von wem?"

„Von von Goethe. Der mit der Rocky-Geschischte. Mit Sylvester!"

„Moment mal! Was erzählst du da? Du liest Goethe? Und was meinst du mit Rocky und Sylvester??"

„Isch les' nisch, Alter, isch *kucke*! Kennt jedes Kind! Film mit Sylvester Stallone. Die Boxergeschischte von Goethe! Faust eins und ßwei! Kennstu nisch? Schwach, Alter!"

Mein Freund verdreht die Augen und greift zur Raki-Flasche. Er nimmt einen ordentlichen Schluck, schüttelt sich und blickt mich von der Seite an.

„Sag mal, gibt's *dich* eigentlich noch, wenn ich nicht mehr schreibe?"

„Jetzt wird's kompliziert", antworte ich. „Du schreibst doch nur, weil ich will, dass du schreibst. Wenn ich das

nicht mehr will, hörst du auf – zu schreiben und zu sein. Dann bist du Geschichte, wie Mehmet! Aber mich gibt es, das ist doch klar! Mich gibt es!!"
„Noch!"
„Wieso noch?"
„Na, immerhin bist du schon dreiundsiebzig!"
„Noch ein Wort, und du schreibst nicht mehr!!"
„Und was mach isch?" fragt Mehmet und säbelt an seinem Dönerspieß rum.
„Du säbelst auf Seite 199 an deinem Dönerspieß rum", sagt mein Freund.
„Und warum?"
„Weil ich das will!" antwortet mein Freund.
„Weil *ich* will, dass du das willst!" insistiere ich gutgelaunt. Mein Freund schaut mich gekränkt an.
„Komm, sei nicht sauer!" sage ich. „Bevor du den Griffel aus der Hand legst, weil ich will, dass du den Griffel aus der Hand legst, kannst du ja noch eine Geschichte über meine Familie schreiben, okay? Mehmet, mach die Rechnung fertig!"

*„Die lohnenden Ziele für Satiriker
werden immer knapper.
Es gibt fast keine Tabus mehr."*

Harald Schmid

Griechischer Wein

Zum Schluss noch eine Geschichte aus dem familiären Nähkästchen: Wer meine Geschichten vom Wühltisch bisher aufmerksam gelesen hat, weiß, dass sich meine Eltern seit meiner Geburt mit *dem* Prädikat anredeten, was ich ihnen mit meinem Erscheinen verliehen hatte – mit ‚Mama' und ‚Papa'.
Vor etlichen Jahren verkündete meine Mutter meinem Vater: „Papa, ich besuche heute Nachmittag Tinny. Sie hat mich zum Kaffee eingeladen. Ich fahre mit der Straßenbahn hin. Wenn wir fertig sind mit Erzählen, ruf ich dich an, dann holst du mich ab."
„Ja, Mama!"
Aufmerksame Leser meiner Nachkriegsgeschichte wissen zudem, dass meine Mutter als Rheinländerin eine Frohnatur und mein Vater als Berliner eher das Gegenteil war. Tinny – als rheinländische, strengkatholische Kirchenchorsängerin – hatte es faustdick hinter den Ohren. Wenn also zwei Rheinländerinnen bei einem sehr kleinen, intimen Kaffeekränzchen aus welchen Gründen auch immer allmählich zur Höchstform auflaufen, kann man sich als Berliner auf etwas gefasst machen. Mein Vater ahnte allerdings aufgrund seines Kenntnisstandes – Kaffee und Kuchen bei der strengkatholischen Tinny – nichts Böses; auch nicht, als der Nachmittag sich allmählich an den Abend verlor. Als dieser aber später und später wurde, geriet er doch zunehmend in

eine Gemütswallung, die zwischen Unruhe, Sorge und Berliner Stinklaune pendelte.

Gegen neun Uhr schrillte das Telefon – damals noch ein schwarzer Kasten mit Wählscheibe, Hörer auf der Gabel und Telefonschnur.

„GUHL!!!"

Mein Vater meldete sich *immer* mit fettgedruckten Großbuchstaben und drei Ausrufezeichen, an diesem Abend aber ganz besonders.

„KannssumichabholnPapa?"

„Was ist denn mit *dir* los?!"

„Du – kanss – mich – gezz – abholn – Papa – abholnkannssumich – gezz!"

Meine Mutter zeichnete unter anderem ein sprachliches Phänomen aus, was für meinen Vater ein unversiegbarer Quell der Heiterkeit war: Sie sprach manchmal das ‚J' wie ‚G' und das ‚G' wie ‚J' aus – mit der wenig einleuchtenden Erklärung, sie könne nun mal eben kein ‚Gott' und kein ‚Jee' aussprechen. An diesem Abend fand mein Vater das allerdings nicht sehr lustig.

„Sag mal, hast du *getrunken*, Mama??"

„Wiekommssudenndadrauf??? Kommssumichnuholn – odernichPapa??!!"

Papa fuhr los. Er war einerseits mächtig in Brass, wie man im Rheinland so schön sagt. Dieses Telefon machte in der letzten Zeit aber wirklich nur Probleme. Andauernd war die Leitung gestört. Er hatte Mama ja kaum verstehen können, so undeutlich, wie die Verbindung war. Andererseits war er irritiert. Hatte da gerade mal wieder sein Hörgerät versagt? Da hatte er sich schon das teuerste Teil gekauft, was es auf dem Markt für Schwerhörige gab und konnte sich trotzdem nicht drauf verlassen.

Nach zehn Minuten stand er vor der Haustür des Wohnblocks, in dem Tinny wohnte. Er schellte dreimal kurz, wie es in unserer Familie üblich war. Der Türöffner summte und im Hausflur ging das Licht an. Mein Vater betrat den Hausflur und traute seinen Ohren nicht. Vom Klangkörper des Treppenhauses um ein Vielfaches potenziert schallte ihm ein Karnevalslied entgegen.

„HeidewitzkaHerrKapitäään – mitnKölnerBöööotsche – fahrenwirsojäään – "

Sollte das Mama sein, seine ihm seit vierzig Jahren angetraute Ehefrau? Ja, sie war's!!

Irgendetwas musste Tinny ihr in den Kaffee getan haben, anders ließ sich das Karnevalslied in der Adventszeit nicht erklären.

Mama schwebte lauthals singend im Aufzug nach unten und begrüßte Papa mit einem innigen Kuss, was seit geraumer Zeit nicht mehr vorgekommen war und ihm deshalb umso verdächtiger vorkam.

„Sag mal, bist du betrunken, Mama??" fragte er irritiert.

Das Telefon war wohl doch nicht gestört, und auch sein Hörgerät schien intakt zu sein.

„Iiich?? – Ichbindochnichbetrunkn!! – Stocknüchternbinich, siehssedochPapa!!"

„Erzähl keinen Quatsch, Mama!!! Ihr habt doch nicht nur Kaffee getrunken! Das kannst du einem erzählen, der sich die Hose mit der Kneifzange anzieht!!!"
Dieser Spruch gehörte zum Standardrepertoire meines Vaters. Ich habe ihn sehr oft gehört, bis heute aber den Sinn nicht begriffen. Mama offensichtlich auch nicht.
„WasnfürneKneifssangePapa??"
„Mann, du bist ja voll wie eine Haubitze! Was habt ihr denn nach dem Kaffee *noch* gehabt?"
„NurnGläschenWein – sswei – ssweiGläschenWein – oderdrei – nee, drei – leckerWein – war'nbisschenstark – war der – derwargrieschisch – grie – – chisch – hat TinnygesagtPapa."
„Griechischer Wein?? Wie hieß der denn?"
„Metaxa!"

Ein Nachwort

für alle, die sich immer wahnsinnig ärgern, wenn sie aus irgendeinem Grund die Pointe eines Witzes nicht mitgekriegt haben. Hier ist sie, die Pointe des Witzes von Hellmuth Karasek von Seite 101:
Gut, dass du mir das sagst, erwidert er, ich hätte es sonst an der alten Stelle gesucht.

Das war's von mir. Macht's gut, und . . .
bis die Tage!

Hinweis für Wiederholungstäter

erklärt Nadine	1
Reklame-Sprech	13
4 – 5 – 6	19
Wie man einen Film erzählt	23
Romeo und Julia	27
Tatort	31
Höhepunkte	47
Ralfi	51
Wühltisch drei	57
Kumpel Anton	59
Anne Willnich	65
Talkshow	73
Rasputin	75
Schneewitte	85
Ein Witz von Karasek	89
Nouvelle Cuisine	103
Wunschzettel zwo	105
Fridays for Future	109
König Kunde	119
Youtube	129
Ziemlich beste Freunde	133
Hüte	139
28 x 1 = 0	145
Marotten	151
Die Taube	161
Der Eignungstest	173
Dornröschen	177
Die Wette	181
Götzen-Dämmerung	185
Floskeln	193
Sein oder nicht sein	197
Griechischer Wein	201

Weitere Bücher von Detlef Guhl

nee, echt jetzt ?!
Geschichten vom Wühltisch

Geschichten, die das Leben schrieb . . . Geschichten aus dem Leben gegriffen . . . Jetzt mal ehrlich: Schreibt das Leben Geschichten? Kann das Leben überhaupt schreiben? Ist das Leben eine Grabbelkiste, aus der man was greifen kann? Geschichten vom Wühltisch des Lebens vielleicht? Gut, lassen wir das mal so stehen.

Detlef Guhl schaut sich um, gräbt in Erinnerungen und in Alltäglichem, entdeckt Kurioses, wo seine Mitmenschen Normalität empfinden und spickt diese Geschichten vom Wühltisch des Lebens mit Satire und Ironie wie eine gute Köchin den Hasenrücken mit Speck – damit's für den Leser schön saftig wird.

S p l i t t e r
Eine Nachkriegsgeschichte

Eine Nachkriegsgeschichte – wen soll **die** denn interessieren? Die Nachkriegsgeneration wird älter, die Kinder und Enkel dieser Menschen haben 70 Jahre nach dem Ende des 2. Welt-kriegs nur vage oder gar keine Vorstellungen von dieser Zeit. Von einer Zeit, in der die Welt aus den Fugen geraten war.

In 22 Splittern des Familienbildes auf dem Cover – nebst Prolog und Epilog – erzählt der Autor aus seiner Erinnerung von den Jahren 1946 bis 1958 – mal augenzwinkernd und satirisch, mal traurig und bitter.

Der rote Faden seiner Erzählung sind die Haare auf Käthes Brust . . .

scheiß auf die Rippe
Gedichte und Geschichten über die Liebe, das Leben und andere Ungereimtheiten

Um Himmels willen, wer liest denn heutzutage **Lyrik**? Zeitgenössische Lyrik versteht man nicht und Gedichte sind langweilig. Stimmt! Stimmt nicht! Es gibt nämlich Lyrik, die man begreift und die deshalb berührt.
Sie kann erfreuen, sie kann traurig machen, sie kann witzig und satirisch sein. Man kann sich in Gedichten wiederfinden, als würde man in einen Spiegel schauen. Detlef Guhl gelingt es, mit seiner Lyrik – mal augenzwinkernd, mal tiefsinnig, aber immer verständlich – die Irrungen und Wirrungen der Liebe und des Lebens in Worte zu kleiden.

AKTE KLO
Eine Nachkriegsposse

Im Nachlass meines Vaters fand ich vor einigen Jahren einen abgegriffenen Schnellhefter mit der Aufschrift AKTE KLO. Er enthielt einen Schriftverkehr zwischen der Mietergemeinschaft des Wohnhauses, in dem ich die ersten Jahre meines Lebens verbracht hatte, und der Hauseigentümerin einerseits und den städtischen Behörden andererseits. Es ging bei diesem schriftlichen Scharmützel um das Plumpsklo des Hauses, von dem ich in meiner Nachkriegsgeschichte ‚SPLITTER' bereits erzählt habe. Die Absurdität des Briefverkehrs aus den Jahren 1950 bis 1953 hat mich sehr fasziniert. Während sich fünf Jahre nach Kriegsende das Leben in Westdeutschland allmählich normalisierte und das Weltgeschehen teilweise bedrohliche Wendungen nahm, eskalierte der Streit zwischen den Mietern und der Vermieterin um eine stinkende Jauchegrube. Ich habe deshalb den Schriftwechsel satirisch aufgearbeitet, als Briefroman gestaltet und die Rolle des Chronisten übernommen.

nützt ja nix

neue Geschichten vom Wühltisch

Das Leben kann immer noch nicht schreiben, hört aber nicht auf damit. Die Absurditäten, über die Detlef Guhl stolpert, wenn er dasselbe durchs Leben tut, wollen weiterhin erzählt werden. Seine geradezu übersteigerte Lust an Übertreibungen und am Fabulieren, sein ihm im Nacken sitzender Schalk, der ihn antreibt wie der Lahme den Blinden, auf dessen Schultern er sitzt, lässt den Leser mitunter glauben, das könne doch alles gar nicht wahr sein . . . Ist es aber! Na ja, fast immer . . . ! Wer den ersten Band der Wühltisch-Geschichten gelesen hat, wird wissen, was ihn erwartet. Wer **„nee, echt jetzt?!"** noch nicht kennt, sollte das Buch schleunigst lesen. Eine bessere Anleitung, mit den (noch nicht) erkannten Widrigkeiten des Lebens umzugehen, gibt es nicht.

ISBN 978-3-7502-4598-3

www.epubli.de

... bis die Tage – letzte Geschichten vom Wühltisch

„Geschichten, die das Leben schreibt" ? – ja, Pustekuchen! Das Leben ist, wie es ist – ziemlich dämlich. Es kann nämlich immer noch nicht schreiben und wird es wohl auch nicht mehr lernen. Der Autor muss es also wieder mal selbst machen. Das Leben bringt es gerade mal fertig, ihm die Geschichten in die Tasten zu diktieren, und das war's dann auch schon. Das nervt. Und deshalb ist jetzt Schluss damit!! Immerhin ist er inzwischen über siebzig. Was hat das Leben diesmal zu erzählen? Nun, da wäre die Wahrheit über Romeo und Julia, ein Polizeibericht über eine Kettenreaktion auf dem Weihnachtsmarkt und eine Tatort-Beschreibung, um nur einige Ereignisse zu erwähnen. Und Mehmet kommt natürlich auch wieder zu Wort.

Detlef Guhl wurde 1946 in Essen geboren.
Nach einem Studium zum Diplom-Ingenieur war er von 1975 bis 1992 als Bauingenieur tätig. Von1992 bis 2015 arbeitete er als freischaffender bildender Künstler unter dem Künstlernamen De Hahn. Er gründete – zusammen mit seiner Frau – die „Kleinkunst in Norden" und war u.a. über Jahre künstlerischer Leiter zweier Galerien in Ostfriesland. Im März 2014 gründete er mit Dr. Christoph Söllenböhmer in dessen Praxis im Berliner Westend den „KUNST RAUM PRAXIS" mit halbjährlich wechselnden Ausstellungen. Seine Bilder wurden in zahlreichen Ausstellungen in ganz Deutschland gezeigt. Aktionskunst, Rauminstallation sowie Kunst am Bau und im öffentlichen Raum sind weitere Zeugen seines vielseitigen Schaffens.
Seit Oktober 2010 lebt Detlef Guhl in Berlin-Charlottenburg.

Weitere Bücher von Detlef Guhl finden Sie in der Ankündigung am Ende des Buches.